歴史文化ライブラリー

433

幽霊 近世都市が生み出した化物

高岡弘幸

吉川弘文館

目　次

私たちの心が幽霊を生み出す——プロローグ

死者からのメッセージ

古くより、日本人は、「死者」の世界と「生者」の世界が、きわめて近いという文化をつくり上げてきた。

たとえば、私たちは、仏壇や墓、事故現場、戦災地や被災地に建つ慰霊碑に故人の好物や花を供えて、まるで目の前に故人が生きて相対しているかのように話しかけたり、相談事をもちかけたりする。しかも、それを誰もまったく不思議に思わない。それどころか、むしろ、死者を生者のように扱うことを当たり前のことと考えているのである。これらは、生者から死者に向けてのコミュニケーションであり、生者が記憶する限り、死者は生者の記憶のなかで生き続けることができるわけである。

しかし、その反対に、死者から生者に向けてメッセージを送りつけてくることがある。

何らかの理由によって、生者から死を宣告されなかったことや、生者が死者についての記憶を忘却してしまいつつあることに怒り悲しむ死者。あるいは、この世に強い未練を持ち続けている死者。こうした死者がメッセージを伝えるために、生者の前に姿を現わしたものが「幽霊」である。とりわけ、日本人が死者を生者のように扱う文化を持つことからすると、ともに生きていたという記憶を忘却・抹消されることに対する、死者の怒りは凄まじいものであるように思える。

もっとも、幽霊は生者の想像力によってつくり出される文化的創造物である。したがって、幽霊は、生者が死者に対して抱く「思い」こそが生み出すといえるだろう。もし、生者が死者の死に責任や後悔の念を抱いているならば、幽霊は怒りや悲しみに満ちた表情をしたものとして表象されることになる。生者の罪の意識が、幽霊の怖さや悲しさをいっそう際立たせるのである。その逆に、生者が死者に愛惜の念を感じ続けるならば、幽霊の表情は穏やかなものとなるわけである。

日本の幽霊文化

日本人は古くから現代にいたるまで豊饒な「幽霊文化」を築いてきた。たとえば、近世（江戸時代）の四世鶴屋南北の『東海道四谷怪談』、全国各地で伝説としても語り伝えられていた『皿屋敷』、中国の明代に創作された『牡丹灯記』を翻案した『牡丹灯籠』といった作品は昭和に入ってから繰り返し映画化され、時代をはるかに超えて、観客を恐怖のどん底に突き落とすとともに、スクリーンに映し出された愛情や幽玄の美が観客を魅了した。そして、水木しげるや楳図かずおなどによる漫画、アニメ、さらには、映画『リング』に始まり、『らせん』『呪怨』以降もヒット作が続くJホラーは、幽霊文化の正統な後継者であるといえよう。これら「創作系」の幽霊だけにとどまらず、現代の人びとが語る「民俗系」とも呼ぶべき怪異譚、都市伝説の主役もまた幽霊である。

こうしたように、日本人は実に好んで幽霊を取り上げてさまざまに作品化し、世間話として語り、恐怖しつつも楽しんできたわけである。それは、「死者」の世界をことさら近くに感じてきた日本人は、幽霊を通してでなければ「死」はもちろんのこと、「恐怖」「怒り」「恨み」「悲しみ」「執念（妄執）」「美」「愛情」といった感情や価値観、そして、生者である自分の「思い」を十分に表現できないと考えてきたからではないだろうか。

美女で髪を長く伸ばし……

ところで、現代の私たちは幽霊についてかなり明確なイメージを持っている。これまでに何度か、高校生や大学生に幽霊の絵を描いてもらったことがあるが、彼らは何のためらいもなく次のように描く。決まって若く美しい女性、髪はストレートで、うつむき加減の顔の半分近くを覆い隠すように伸びている。顔色は青白く、痩せた体つきで、白っぽい服装――驚くべきことに、現代であっても、おそらくは納棺される際の死装束（しにしょうぞく）をイメージしてであろう、浴衣のような白色の和服を身にまとうという絵が多く――、足元はおぼろに霞（かす）んではっきりとは見えない。出現の理由を尋ねると、この世に残した愛しい人に会いに来るなどさまざまであるが、とくに恨みによって現われることが多いという。

こうした幽霊に対するイメージや知識は、世代を超えて、現代の私たちが共有しているといってよいだろう。しかし、これを逆に捉えるならば、痩せた美女で、ストレートの髪を長く伸ばし、白っぽい服を身にまとわなければ、幽霊とは認識されないということである。さらに、怨念を表わす恨みがましい表情を与えれば満点である。つまり、幽霊であることを示す特徴は、アニメの人気キャラクターと同じように、すべて約束事として「記号」化されており、私たちは複数の「記号」を手際よく組み合わせて幽霊を表現することができるのである。

現代の都市伝説を集めた書籍やインターネットを覗いてみると、若い女性だけではなく、男性や老人、子ども、この世に生を受けなかった胎児（水子）も幽霊話に登場していることがただちにわかるはずである。それにもかかわらず、私たちのあいだにいつの間にか定着した幽霊のイメージは、きわめて強固なものであるといえよう。

このような幽霊のイメージは、あくまで私たちのあいだで漠然(ばくぜん)と共有された「民俗概念」である。幽霊を文化的な事象として研究対象にするならば、明確な定義をくだした「研究概念」を作成しなければならない。

可視的な死者の霊的存在

そこで、まず手元の国語辞典で「幽霊」の意味を調べてみることにしよう。

①　死んだ人の魂。死者が成仏しないで、この世に姿を現したもの。（『広辞苑』第四版）

②　死者の霊が生前の姿になって現われたもの。（『新明解国語辞典』第五版）

右に記した二つの国語辞典の説明はほとんど同じである。さらに、『類語辞典』（『使い方の分かる類語例解辞典』）を見ると「亡霊」が類語としてあげられており、「『幽霊』は、死者の魂が生前の姿となって現れた、形のあるものをいうが、『亡霊』は、姿形よりは魂としての存在をより強調したもの」と区別したうえで、「『亡霊』には、『過去の亡霊におびえる』のように、現在は存在しないにもかかわらず、影響を与えるものをいう比喩(ひゆ)的な用法もある」と説明している。いずれにしても、幽霊は何よりも「死者の霊（魂）が生前の姿で現われる」ことに特徴があるということである。

ちなみに、一八八九年（明治二二）に初版が刊行された、戦前の代表的な国語辞典である『言海(げんかい)』にも、「いうれい［幽霊］（一）死シタル人ノ霊。亡キ魂。（二）又、想像ニ、其霊ノ、形ニ現ハレテ見ユルトスルモノ。陰鬼」とあり、少なくとも明治時代から現代にいたるまで、説明内容が変化していないことがわかる。ただ、「想像ニ」と強調していることから、前近代的な迷信をやっきになって排除し、文明化・近代化を推し進めていた当時の雰囲気が伝わってくるように思える。

さて、以上の説明から、私たちは幽霊を目撃できる、さらには、私たちが日常的に墓や仏壇、慰霊碑に話しかけることからすると、面と向かって会話さえできる死者の霊的存在と捉えていることがわかるだろう。これを裏返せば、私たちの目には見えない死者の霊は幽霊ではない、幽霊とは認識しないということになるわけである。だからこそ、学生たちは迷わずに記号化されたパーツを組み合わせて、幽霊の絵を描くことができたのである。

このようにして、「幽霊は可視的な死者の霊的存在であり、それも生前の姿で出現する」という最小限度の研究概念を、私たちはとりあえず手にすることができた。それは、明治時代初期からまったく変わっていない共通の知識であったわけである。それでは、明治以前の時代においても、幽霊は同じようにイメージされていたのであろうか。

これが幽霊なのか？

そこで、図1を見ていただきたい。これは、近世初期の一六六三年（寛文三）刊の『曽呂利物語』巻一の六「人をうしなひて身に報ふ事」という話の挿絵である。どこからどう見ても「鬼」としか判別できないのではないだろうか。ところが、この絵に描かれているのは「幽霊」なのである。

　本文を見てみると、「さて女は、たけ一丈（約三メートル）もあるらんと思しくて、空ざまに生ひ立ち、髪は銀の針を並べたる如く、角さへ生ひて、朱まなこ、牙を嚙みたる有り様、たとへていはん方もなし」と、まさに平安時代後期に著された『今昔物語集』で大活躍する「鬼」の姿で出現しているのである。驚くべきことに、二本の足も立派に描かれている。

図1　鬼に変身した幽霊
（『曽呂利物語』巻1より）

もっとも、この女性はまず「いと貴なる女」というように、生前の美しい姿で出現し、自分を殺した女の子どもの病気治療に来ていた鍼医に、「恥づかしながら、此の世を去りしものなり」と述べ、鍼医も「さては亡霊にて有りけるかや」と驚いていることから、鬼の姿は幽霊そのものというよりも、女の幽霊が恨み辛みを述べ立てた後に、燃え上がる怒りと復讐心を象徴するような鬼に変身したと見たほうが正しいように思える。

また、実際に、当時の人びとが幽霊を鬼の姿で目撃したのではないだろう。恨み骨髄の表情を「まるで鬼のようだ」と誇張して表現しただけかもしれない。しかしながら、当時の読者が何の違和感もなく挿絵を受け入れ、話の内容を理解したことを考えると、死者の霊であるはずの幽霊が「鬼」の姿形で出現することもあるというイメージを持っていたことだけは確かだといえよう。

逆立ちする幽霊

続いて、『曽呂利物語』と同時期の一六六一年（寛文元）刊の『片仮名本・因果物語』上の七「下女死して、本妻を取り殺す事」という説話の挿絵を見ていただこう。図2は、女性が器用にも小舟の上で逆立ちをしているとしか見えない絵だが、実は、この女性もまた幽霊なのである。先ほどの鬼の姿をした幽霊と同じように二本の足が描かれている。私たちのイメージとは異なり、ある時期まで幽霊には足があったのである。本文を少し覗いてみよう。

或牢人何某と云ふ者、美濃の国より、尾州名護屋（名古屋）へ行きて、日暮れに帰る。

在処の近所に、くり舟（川舟）あり。其の所にて、彼の牢人を呼ぶこと、頻り也。驚きて、名護屋の方へ立ち帰らんとしけれども、若し、以後、臆病者と云はれてはと思ひ、彼の声に付きて、そろそろ行きて見れば、倒立ちしたる人あり。怖しく思へども、「何者ぞ」と詞をかくれば、「御帰り、待ち居たり。我は庄屋内、

図2　逆立ちして現われた幽霊
（『片仮名本・因果物語』巻上より）

御存知の女にて有り。不慮の仕合はせに依りて、非分の死を仕る。敵を取りに参り度存ずる間、此の舟を越して給へかし」と云ふ。
是は僻者哉、若しいやと云はば、祟りやせんと思ひ、「安き事也」とて、舟を寄すれば、倒立ちながら乗り、亦倒さまに下りたり。（以下略。傍点および括弧内は引用者）

日暮れの頃、ある浪人に声をかけてきた者がいるので見ると、逆立ちをした女性であった。話を聞くと、彼女はある庄屋の妾（愛人）であったが、庄屋の妻に無残にも殺害され、その敵討ちに行きたいので、舟で川を渡らせて欲しいという。もし断ると祟りがあるかもしれないと思った浪人が承知すると、彼女は逆立ちをしたまま舟に乗り、向こう岸に着くと、また逆立ちをしたまま舟から降りた、という内容である。その後すぐに女の幽霊は庄屋の女房を取り殺すことになる。

内容的には、正妻によって殺された愛人が怨霊となって復讐をとげるという、現代の都市伝説にも見ることができる、ごくありきたりのものである。しかし、ここで興味深いのは、浪人が逆立ちした女性をいささかも疑問に感じることなく「幽霊」と認識していることである。現代の日本で幽霊を信じる者がいるとしても、逆立ちをして出現する姿を見た者はいないだろうし、そもそも、幽霊が逆立ちをして現われるという想像力を持ち合わせていないはずである。

ここでは、たった二枚の挿絵を見ただけだが、それでも、近世初期の幽霊たちが、現代の私たちのイメージとはまったく掛け離れたものであったことを理解してもらえたのではないだろうか。幽霊は河童や天狗など他の妖怪たちと同じ文化的な創造物である。文化は不変ではなく、常に変化し続けていく。したがって、幽霊の現われ方、姿形も一定ではなく、時代の移り変わりにともなって、それらが変化しても何ら不思議はないのである。もし、幽霊が実在するならば、生者が目にする姿形が変化するとは考えられないであろう。

幽霊の民俗学

文明開化以降の近代化にともない、迷信の象徴とされた河童や天狗といった妖怪たちは撲滅される運命にあった。そしてついに、一九五〇年代後半から六〇年代の高度成長の最中に完全に姿を消すことになった。当然、妖怪の仲間である幽霊も、同じ運命をたどることになったはずである。しかしながら、幽霊ただ一人生き残ったばかりか、都市伝説や噂話では、事故現場や病院、学校など、ある意味古典的な場所だけではなく、携帯電話、インターネットといった現代的でバーチャルな空間においても増殖を続けているのである。幽霊の強靭な生命力（？）には、ただ驚くばかりである。

幽霊は、日本人が日々の暮らしのなかから生み出した、れっきとした生活文化である。では、日本人は、いつ頃、幽霊を創造したのだろうか？　幽霊はどのように変化してきたのだろうか？　近世初期の幽霊は、なぜ「鬼」の姿で現われたり、「逆立ち」をしたのだろうか？　髪をストレートに長く伸ばした若い色白の女性、死亡原因によっては「血まみれ」の姿というような、現代の幽霊に与えられる「記号」は、いつ頃、どのような理由で生み出されたのだろうか？　日本人は幽霊にどのような「思い」を託してきたのか、すなわち、日本人にとって幽霊とは何なのだろうか？　こうしたさまざまな疑問が浮かんでくるのではないだろうか。

私が専門とする民俗学の課題の一つに、生活文化の起源や変遷の研究がある。ただ、歴史学とは異なり、まず「現在」の生活文化から問題を切り出し、それがどのような歴史の流れのなかで形成され、捏造（ねつぞう）をも含めて変形され、現在にいたったのかを問うことを特徴としている。要するに、民俗学は、あくまで「現在」を知るために、「過去」や「歴史」に視線を伸ばすというわけである。

本書では、怪異の世界で、古代や中世の大スターであった鬼や天狗と入れ替わるように、幽霊が活発な活動を開始した近世に焦点を絞り、現代にいたる幽霊文化の「根っこ」を掘り出すことを試みる。つまり、現代に生きる私たちが幽霊に込めた「思い」を知るために、先に記した疑問を念頭に置きつつ、近世の幽霊が語る台詞（せりふ）と、恐ろしげな、ときに優美な姿と演技から、近世の人びとが幽霊に込めた「思い」を解読するのが本書の目的である。

さて、近世という時代と幽霊の密接な関係、その問題を解く鍵は「都市」にあったのである。

高知市異界マップ

もう一〇年以上も前の二〇〇二年（平成一四）、私は前任校の高知県立高知女子大学（現・高知県立大学）文化学部の講義で、八名の学生たちと当時の高知市域に範囲を限定して、妖怪や幽霊など怪異に関する資料を収集し、二枚の地図を作成した。一枚は、江戸時代の資料に記された怪異をマッピングしたものであり、もう一枚は、聞き取り調査やインターネット情報などから得た「現在形」の都市伝説をマッピングしたものである。私たちは、これら二枚の地図を「高知市異界マップ」と呼ぶことにした。半期科目とはいえ、実際は四か月という短期間で作成したため十分なものとはいえないが、いくつかの実に興味深い点が明らかとなった。

本書で大きな意味を持つのは一枚目の「近世高知異界マップ」である。ごく大まかに見て、山間部では山姥や天狗、河川部では猿猴（えんこう）（河童）のほか、蛇、蟹、蝦蟇（がま）の妖怪、山と城下町にはさまれた「里」では、家や村の周囲を徘徊（はいかい）する狐や狸が人間などさまざまなものに化けて出没していた。つまり、妖怪たちは、それぞれが棲息する自然環境にしたがって形象化され、怪異現象を引き起こすと考えられていたのである。言い方を換えれば、人びとが、家や村を取り囲む自然がもたらす恐怖や驚異の原因を説明するためにつくり出したのが「自然系」の妖怪だったというわけである。

こうした自然系の妖怪から、自然を開発しようとする人間への警告、あるいは生活者の視点とは逆に、江戸時代の記録や民俗誌の書き手の多くが都市に住む者であったことから、草深い田舎への差別的な視線を読み取ることができるだろう。

城下町の怪異

続いて、高知の中心部である城下町に視線を移してみよう。そこでの怪異のほとんどは、化物屋敷を含む「幽霊譚(たん)（話）」として語られていたのである。

もちろん、侍の屋敷の表にある大きな榎(えのき)に棲みついた古狸が夜な夜な畳(たたみ)の塵(ちり)を打ち払うような音をたてるという怪異や、天狗が町人をさらったとか、猿猴が町人にいたずらをしたという記事も見える。しかし、古狸の事例は例外的なもので、天狗は先にも述べたように、城下町ではなく山中に棲息し、ときおり人が多く住む城下町に飛来して来ては人をさらっていったということなのである。猿猴も川辺に出没すると語られているだけで、城下町に棲みついているわけではない。したがって、天狗と同じように、気が向いたときに城下町にやって来ては、町人に相撲を挑んだりしたのだと捉えることができるだろう。

「高知市異界マップ」作成以後も、会津若松、富山、岐阜、名古屋、松江、福岡といった城下町の資料を調べているが、やはり高知と同じように、主な怪異は幽霊譚である。

都市の時代

ところで、城下町など近世期の都市は、どの程度の人口を抱えていたのであろうか。「異界マップ」の舞台である土佐藩の城下町・高知は、寛文年間（一六六一～七二年）、上・中級武士が居住する「郭中」と、下級武士と商人、職人が住む「上町」「下町」「新町」のなかに四一の町があり、町家二一八五軒と侍屋敷四三三軒の合計二六一八軒、人口約二万人を数えた。

町家には、大工三〇二、紺屋（染物職人）一二七、大鋸挽一〇八、鍛冶七七、樽屋七四、家根葺六九、畳刺五九、鞘師（刀の鞘をつくる職人）三九、檜物師二六、塗師三一、傘屋三一、革屋二九、粉挽（粉ひき）二九、研師二一、左官二〇、白銀師一六、柄巻（刀剣の柄を革や糸などで巻く職人）八、張師五、の計一〇七一人の職人がいたとの記録が残っている。こうした職人たちと、藩内はもとより、京や堺など各地から招かれた商人たちが、何も生産しない武士の消費活動を支えたのである。

また、民俗学者の宮本常一は、一八六八年（明治元）頃の都市人口を、東京の世帯数が二〇万六六四二戸であったことから一〇〇万人超、大阪は八万六二六四戸で五〇万近かったとし、以下、京都三〇万、名古屋一八万、神戸・広島一〇万、横浜九万、熊本・堺六万、福井・富山五万程度、四万以下一万人以上の都市として、奈良、伊賀上野、桑名、豊橋、静岡、甲府、小田原、神奈川、水戸、大津、松本、高崎、宇都宮、仙台、盛岡、弘前、米沢、秋田、酒田、敦賀、小松、輪島、高岡、高田、鳥取、松江、姫路、福山、下関、福岡、博多、小倉、長崎、鹿児島など約一〇〇を数えたと推定している。宮本は高知も四万から一万の人口規模の都市に分類しているので、先にあげた資料と合致すると考えてよいだろう。

こうした人口数を見ると、三万から五万人もの学生を抱えるマンモス私立大学と同規模であり、格別大したことはないと思うのではないだろうか。しかし、日本の歴史上初めて、各地に万単位の人間が住む生活空間が誕生したのである。当時の住民たちを取り巻く生活空間は、私たちの想像をはるかに超えて「巨大」だと認識されていたにちがいない。また、そうした巨大な生活空間で展開される人間関係のあり方は、住民全員が顔見知りであり、それぞれの家の歴史さえも熟知しあっている「集落的」な人間関係とはまったく異なったものになったはずである。

都市は農作物などモノを生産するのではなく、あくまでモノや情報などを「商品」として売買し消費する場所である。その商売の基本は、安値で仕入れて、高値で売ることであり、商人と客が互いにだましだまされながら、値段の駆け引きをめぐって丁々発止（ちょうちょうはっし）と渡り合うことになる。つまり、貨幣を媒介として、縁の浅い一時的な人間関係が主流となる都市では、他人こそ頼りになると同時に裏切られる可能性をも持った、人間こそが中心の場所となるわけである。そのため、牧歌的な側面もある自然環境を形象化した妖怪ではなく、「愛情」や「恩義」「友情」といった人間関係の「正」の側面と、その逆の「恨み」「辛み」「嫉妬」といった「負」の側面から生み出される怪異が、死者の霊である「幽霊」として表象されたのである。

幽霊のいざなうままに

柳田国男は、一九三八年（昭和一三）に発表した「妖怪談義」で、いわゆる妖怪とは異なり、「幽霊の方ならば、町の複雑した生活内情の下に発生しやすく」と述べているが、幽霊にはほとんど興味を示さなかったため、どの著作のなかでも、それ以上詳しく発生の理由を述べていない。近世の文芸や演劇の影響を受けた都市的な怪異である幽霊は、柳田が研究対象とした民間に伝わる伝統的な生活文化、すなわち「民俗」とは遠く隔たったものであり、柳田の生きた時代に急速に発展した「心霊科学」の影響を受けたような幽霊もまた、「民俗」の埒外であったからである。柳田の興味関心は、「民俗」が残るとされた農山漁村部に暮らす「常民」が語り伝えてきた怪異・妖怪だけだったのである。こうした、柳田の幽霊嫌いが後続の民俗学者に伝染したためか、幽霊だけを題材として一冊の本を書き上げたのは池田弥三郎や今野円輔、阿部正路などにとどまっているのが現状である。

そうしたなかで、近世や現代の都市に真正面から取り組んだ数少ない民俗学者の一人である宮田登が、『妖怪の民俗学』や『都市空間の怪異』などの著作で都市には幽霊が多く出現すると述べているが、やはり明確な説明は行なわないまま二〇〇〇年（平成一二）二月に急逝したため、残念ながらそれ以上の展開を見ることができなかった。

そこで、柳田国男、宮田登という民俗学の大先達（だいせんだつ）が明示することのなかった近世都市と幽霊の関係を明らかにするために、そして、そのことから、幽霊の現代的な特徴を知るために、少し恐ろしくはあるが、鬼の姿に変身した幽霊、逆立ちした幽霊、足元がおぼろに霞んだ幽霊たちがいざなうままに、彼らの原風景が広がる場所に、さらに、近世の都市社会に旅をしてみることにしよう。

幽霊の正体

幽霊とは何か

この節では、新たな近世期の幽霊研究の視座と、それをもとにした幽霊の定義を考えてみることにしよう。

「妖怪談義」再考

文化人類学・民俗学者の小松和彦や近世日本文学・芸能史学者の諏訪春雄らが繰り返し批判してきたにもかかわらず、柳田国男（やなぎたくにお）が八〇年近くも前に提示した幽霊の定義は、いまだに影響力を持ち続けている。そこで、やはり、柳田説の再考から話を始めなければならないだろう。柳田は「妖怪談義」（一九三八年）のなかで、以下の三つの点において、オバケ（妖怪）と幽霊が異なると述べている。

第一に、オバケの出現場所は固定されているのに対し、幽霊はそれが固定されていない。第二に、オバケは相手を選ばないのに対して、幽霊は恨みを持つ者を執拗（しつよう）に追いかける。

第三に、オバケは「たそがれ時」（夕暮れの頃）、幽霊は「丑三つ時」（午前二時）に現われる。

しかし、化物屋敷を想像すればすぐさまわかるように、幽霊もまた出現場所が固定されている場合も多い。現代では、ホテル、トンネル、学校、病院といった特定の場所に幽霊が出るという噂話、都市伝説はありふれたものである。また、幽霊は、そうした場所を訪れた者に「平等」に姿を現わすことを考えれば、柳田のいう「オバケ」との差異はまったく見られない。さらに、真昼間に現われる幽霊の事例にも事欠かず、出現時間のちがいも見出すことはできない。それらに加えて、柳田は妖怪と幽霊を含み込んだ上位概念も示してはいない。

以上のように、ごく簡単に検討しただけでも、柳田の定義は完全に廃棄しなければならないものであることが理解できるはずである。

研究者はもとより、小説家、映像作家などいかなる立場であろうと、日本の妖怪文化に分け入ろうとする者にとって、論考の「妖怪談義」を含む『妖怪談義』（一九五六年）は、必ず通過しなければならない重要な書物である。しかし、そこから読み取るべきことは「定説」や「定義」ではなく、柳田が見出した「問題」なのだ。柳田に限らず先人たちが残した仕事を未解決の「問題」あるいは「宿題」として捉え直し、さらには、そこに書かれていないことを「発見」するとき、研究や創作の新たなステージが見えてくるはずである。

草双紙と化物

では、まず「草双紙(くさぞうし)」から、妖怪と幽霊の関係について、あらためて考え直してみよう。草双紙とは、江戸時代中期から明治時代中期頃まで出版された、絵に重点が置かれた大衆向け小説の総称である。この草双紙は時代とともに「赤本」「黒本」「青本」「黄表紙(きびょうし)」と呼ばれるジャンルに変化した。

とくに「黄表紙」について、近世日本文学者のアダム・カバットは、一七七五年（安永四）から一八〇六年（文化三）の三二年間ときわめて短い期間であったが、黄表紙に先行する赤本、黒本、青本に比べ、「文章の量が増え、子供の領域を脱して、大人向きのパロディー文学」とも評すべき画期的な出版物であり、「今のギャグ漫画のようなふざけた遊び精神や当時の洒落(しゃれ)た風俗をコミカルに描く趣向(しゅこう)、複雑な筋、難しい言葉遊び、捩(もじ)りや穿(うが)ちなどが入り組んで、高度な文学作品となった」と、高い評価を与えている。

ここで、アダム・カバット編著『江戸化物草紙』に収められた、妖怪を主人公とした草双紙を見てみると、『夭怪着到牒(ばけものちゃくとうちょう)』（一七八八年）に、プロローグで紹介した『片仮名(かたかな)本(ぼん)・因果物語(いんがものがたり)』（一六六一年）の「逆立ち幽霊」と同類の「逆さになった女性の幽霊」が登場している。絵は、海岸で逆さになった女性に向かって僧侶が成仏させるために祈っているところを描いており、本文には「逆女は宵のうちにても寂しき所には居るものなり。広庭、長廊下、または常々雪隠にもいることあれば、女中方は御用心」とある（図3）。おどろおどろしい内容の「逆立ち幽霊」とは異なり、「便所に出ることもある」とふざけており、このような幽霊はいるはずがないと笑い飛ばしているようである。二冊の書物のあいだに広がる一二〇年という時間が、幽霊のイメージを変えてしまったのだろうか。

また、『東海道中膝栗毛』で有名な十返舎一九の『妖怪一年草』（一八〇八年）には、旧暦七月の盆祭りに幽霊となって現われた先祖を、妖怪の一家が迎える場面が描かれている（図4）。なかでも興味深いのは、同じ十返舎一九の『化皮太鼓伝』（一八三三年）で、何と女性の幽霊が妖怪「白だわし」の妻になるというストーリーが記されているのである（図5）。まさに、幽霊と妖怪の「異類婚姻」である。

そこで、もう一度、『夭怪着到牒』を開いてみると、「逆女」の話は、「見越し入道」「豆腐小僧」「河太郎（河童）」「猫股」「海坊主」といった妖怪たちが登場する物語と並列された一話であることがわかる。『妖怪一年草』では、見越し入道を親分とするさまざまな妖怪たちが年中行事を行なう話のなかで、「お盆」のエピソードとして幽霊話が記されているのである。つまり、柳田の説とはまったく異なり、死者の霊である幽霊は他の妖怪たちといっさい区別されず、同一の物語のなかに登場させられていたというわけである。この

図３　逆女（『夭怪着到牒』より）

ことから、近世の人びとは、柳田や現代の私たちのように幽霊と妖怪を区別せず、同じ仲間と考えていたことが理解できるだろう。

また、小松和彦がすでに指摘しているように、本のタイトルで「妖怪」「天怪」あるいは「奇怪」と書いて、すべて「ばけもの」と読ませていることから、近世では妖怪たちと幽霊を同一平面上に並列させ、さらには、それらすべてを含み込む言葉、すなわち上位概念として「化物」という言葉を用いていたことが明らかになるのである。

図4　盆祭りに幽霊となって現われた先祖（『妖怪一年草』より）

図5　白だわしの妻になった幽霊（『化皮太鼓伝』より）

絵巻と化物

黄表紙のようなプロの作者の手による作品を「創作系」と呼ぶことにしておくが、文字（物語）と挿絵の世界だけにとどまらず、近世期、プロの絵師たちによって多数描かれた絵巻物にも、幽霊が多くの妖怪たちと並んで登場している。

たとえば、国際日本文化研究センター蔵の『化物尽絵巻』（江戸時代末期制作）に、長く垂らした「ざんばら髪」、顔とからだの色は青白く、爪は長く伸び、両手を前に垂らし、腰から下しか着ていないため明瞭ではないが、おそらく納棺時の死装束と思われる着物をまとった「亡魂（ぼうこん）」と名づけられた幽霊が、「さら蛇」「のぶすま」「馬鹿（うましか）」「山姥」「犬神」「牛鬼」「ぶらり火」「うわん」「雪女」などと並べて描かれている（図6）。

興味深いことに、この「亡魂」の姿形は、先に紹介した現代日本人が思い浮かべる幽霊の姿にきわめて近いといってよいだろう。江戸時代、妖怪たちがキャラクター化されていたように、幽霊もまた、ある時期からプロローグで示したような鬼の姿を捨てて、死者の姿形としてキャラクター化されており、それが今なお日本人の幽霊像を支配しているということであったのだ。

また、絵柄が素朴で、内容も全国的・一般的な化物ではなく、その土地独自の化物を描いた絵巻に『土佐化物絵本』（江戸時代末期〜明治時代初期頃制作）がある。そこでも、「霊（怨霊）」「先妻の霊」「幽霊」が、「山犬」「大くつひき」「雷」「猿猴（えんこう）」「けち火（火の玉の土佐方言)」「モマ(動物のモモンガ)」「大うなぎ」「古狸」「天狗」「田の神」「大猪」などといっしょに描かれている(図7)。

以上のように、絵巻においても、近世の人びとは「のぶすま」「猿猴」「古狸」「牛鬼」

図6　亡魂(『化物尽絵巻』より、国際日本文化研究センター所蔵)

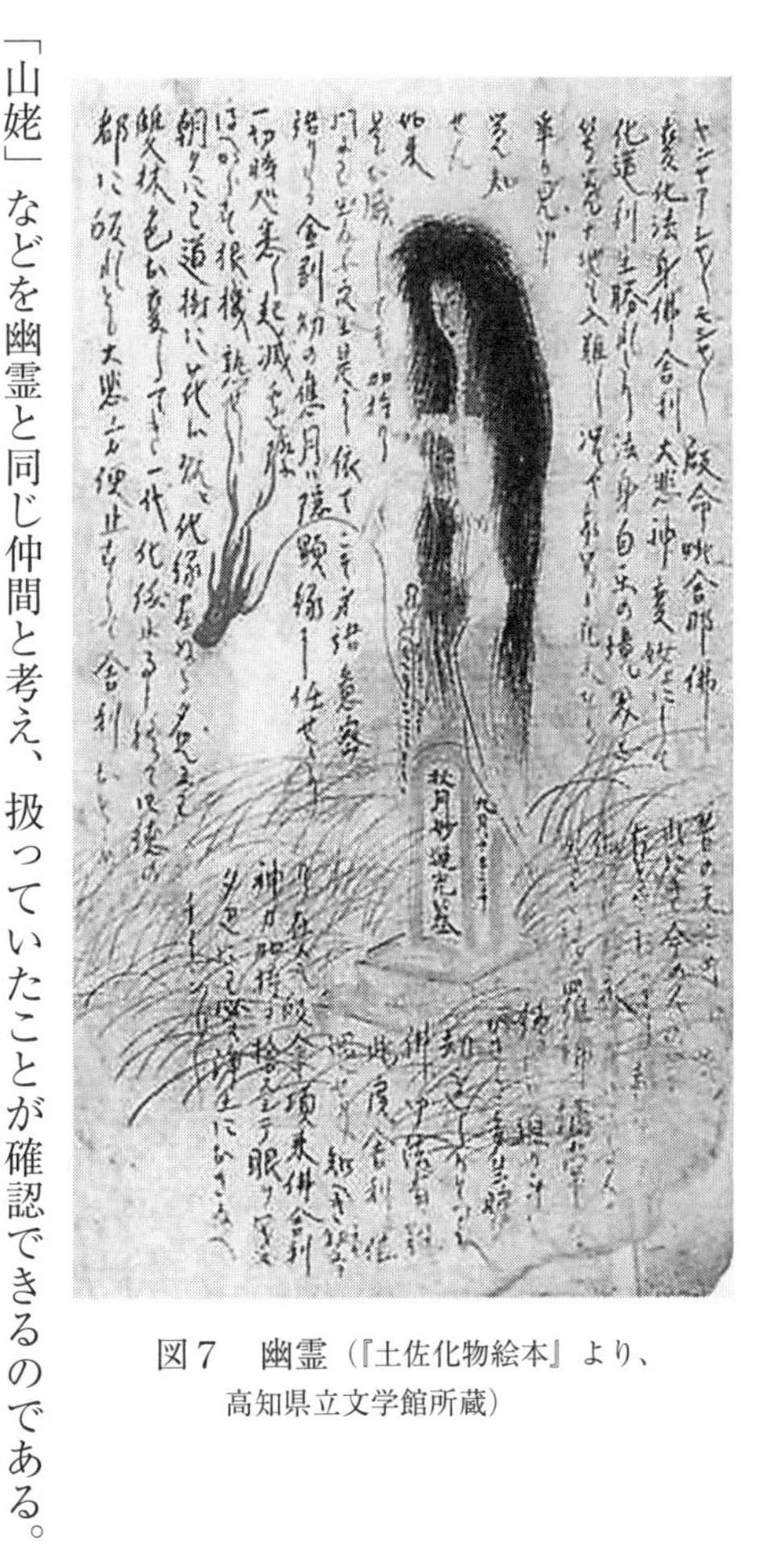

図7　幽霊（『土佐化物絵本』より、高知県立文学館所蔵）

「山姥」などを幽霊と同じ仲間と考え、扱っていたことが確認できるのである。つまり、それぞれが「化物」に含まれる種目にすぎなかったわけである。ただ、個別に「猿猴」などの名前をあげるのは煩雑にすぎるので、これより以降、本書では、幽霊以外の化物を「妖怪」と一括して記すことにしたい。

ウブメの正体

古く平安時代においても、幽霊と狐が引き起こす怪異が同列に並べられていたことを示す事例がある。それは、『今昔物語集』巻二七の四三

「頼光の郎党平季武産女に値ふ語」で、「産女」もしくは「姑獲鳥」と表記される「ウブメ」の初出の記事として有名な話である。

　九月下旬の月のないある夜、武士たちがあれこれと雑談をしていたところ、渡という場所に産女がおり、夜になって川を渡ろうとする者があると、赤子を泣かせて「これを抱け、これを抱け」といいながら現われるという話になり、平李武が見に行くことになった。李武は川を渡って戻ろうと川の真ん中あたりに来ると、「これを抱

図8　姑獲鳥（鳥山石燕『画図百鬼夜行』陽より）

け、これを抱け」という女の声と、赤子の泣きわめく声が聞こえ、生臭いにおいも漂ってきた。李武が赤子を受け取ると、女が追いかけて来て赤子を返せという。李武が断り、館に帰って、「川を渡って、赤子まで取って来たぞ」といって右の袖を開いてみると、木の葉が少しあるだけだった。

そして、この話の結語として、「此の産女と云ふは、『狐の人謀らむとて為る』と云ふ人も有り、亦、『女の子産むとて死たるが霊に成たる』と云ふ人も有り、となむ語り伝へたるとや」と、ウブメの正体は、狐が人をだますために化けたものか、または、出産時に死亡した女性の「霊」であると二つの可能性を示しているのである。

後に述べるように、日本の幽霊は、平安時代頃から明確にその姿を現わすようになる。そうすると、幽霊が誕生したときにはすでに、幽霊はほかの妖怪たちの仲間とされていたことになるのである。

「民俗系」の化物

絵や小説など創作された化物の世界だけではなく、人びとが生活していた社会空間においても、幽霊と妖怪が区別されていなかったことが確認できる。こうした実際の生活の場での怪異を、「創作系」に対して「民俗系」と分類しておくことにしたい。先ほど示した『土佐化物絵本』は、描かれた化物たちの多くが土佐独自のものであるため、「民俗系」の資料と位置づけることも可能であろう。

では、次の事例を見てみよう。短い報告だが、怪異を引き起こす怪しい存在の諸関係を考えるのに、とても重要なことを教えてくれる事例である。

算盤坊主（そろばんぼうず）　西別院村笑路（現・京都府亀岡市）の西光寺の傍に、一本の榧（かや）の木があって、そこを夜おそく通ると、坊主のような風体（ふうてい）の男が、その木の下で盛んに算盤を弾きだすと云う事である。俗に算盤坊主と云って、狸の仕業かも知れないと謂（い）っているが、何でも昔この寺の小坊主が、計算のことから和尚に罵（ののし）られ、この木で首を吊って死んだのだと云う話もある。（垣田五百次・坪井忠彦編『口丹波口碑集（くちたんばこうひしゅう）』郷土研究社、一九二五年）

深夜、坊主のような男が榧の木の下で算盤を弾くという、通常ではありえない不思議な現象が目撃されることがあり、人びとは以下の二つの原因を思いつく。

Ⓐ　怪しい坊主に化けた「狸」。

Ⓑ　自殺した小坊主の「幽霊」。

これらが原因として同時にあげられているということは、不思議な現象の説明は、どちらでもよいということになるわけである。この短い報告から断定することは不可能だが、人や時期（年代）によって選び出す原因が異なっていたとも考えられるだろう。いずれにしても、算盤坊主の正体としての「幽霊」は二つの選択肢のうちの一つにすぎなかったの別の角度から、この伝承をさらに検討してみよう。Ａは「化け狸」という ことで、全国各地で通用する説話であるとはいえ、この地域の生活から生み出された怪異である。『口丹波口碑集』のなかに、同じ西別院村の犬甘野に大入道となって人を化かす「白狸」と呼ばれる有名な狸がいたとの報告が掲載されていることから、「算盤坊主」の事例には記されていないが、笑路でも人をだます知恵に長けた狸の伝承があったのかもしれない。また、それ以上に、小坊主の自殺を原因とするＢは、その事件が実際にあったかどうかはともかく、この土地や寺院の歴史から離れることができない民俗系の幽霊譚である。

キャラクター妖怪誕生の瞬間

したがって、怪異が、それを生み出した土地の生活、具体的な伝承や歴史と結び付いているあいだはその場所を離脱できないが、そうしたコンテキストから切り離されると「算盤坊主」という独立したキャラクターへと変化してしまい、創作系の化物の一種目として迎え入れられ、小説や絵画などの世界に回収されていくことも想定できるだろう。ところが、驚くべきことに、そうしたことが実際に行なわれたのである。その張本人は、誰あろう柳田国男その人であった。

算盤坊主は、柳田が編纂した「妖怪名彙」（『妖怪談義』所収）のなかに名を連ねているが、そこでの説明は首をかしげざるをえないものとなっている。

ソロバンボウズ　路ばたの木の下などにいて、算盤を弾くような音をさせるから算盤坊主。（『口丹波口碑集』）

図9　算盤坊主（水木しげる画、©水木プロ）

同じ『口丹波口碑集』をもとに事例を記述しているにもかかわらず、地名とともに、Ａと Ｂの説明もまったく無視されてしまっているのである。今となっては、その理由を知る術（すべ）もないが、おそらく、柳田は幽霊をことのほか嫌ったためＢを削除し、さらには、狸の怪という、ごく一般的でありふれた怪異に回収される可能性を持ったＡも無視し、ほかの土地に見られない特殊個別的な「算盤坊主」だけを選択したと推測できるのではないだろうか。その結果、「妖怪名彙」の読者は、見事にキャラクター化された妖怪だけを頭のなかに思い浮かべることになってしまうのである。

事実、その後、水木しげるによって、算盤坊主は図9のように、まことにユーモラスな妖怪として描かれることになった。水木が徹底的に資料を調べ上げることは有名であり、原資料を読んだであろうことは想像に難くない。しかし、漫画家として算盤坊主というユニークな存在をクローズアップし、ほかの個性豊かな妖怪たちの仲間に加えることを望み、絵画化したとも考えられる。理由はともあれ、こうしたように土地に根づいた「民俗系」の化物が、さまざまな文脈から切り離され、「創作系」の化物となっていくプロセスを見ることができるのである。

ここで注意を要するのは、「創作系」の化物が「民俗系」の化物に変形されることもあったということである。「ウブメ」などがその例としてあげられるだろう。あるいは、「皿屋敷」のように、一地域の伝説が人形浄瑠璃など「創作系」の作品として回収され、それが諸国を巡る芸能民や僧侶などによって各地に伝播（でんぱ）し、再び「民俗系」の伝説として定着するという複雑なプロセスを持つ怪異譚もある。化物・妖怪文化の研究にあたっては、こうした変形のプロセスにも十分な注意を払う必要があるわけである。

ところで、この算盤坊主の怪異を伝承していたのは「西別院村笑路」と「村」であることに気がつかれただろうか。本書の仮説である幽霊と都市の関係を裏切るような資料と思えるかもしれない。しかし、これは次のように捉え直すことができるのである。

昭和初期における怪異の変容

近世において、とくに民俗系の幽霊話は城下町を中心とした「都市部」にほぼ限定され、農山漁村といった「田舎」では妖怪たちが棲息し、活発に活動していたことは先に記したとおりである。ところが、「高知市異界マップ」作成のための資料を収集しているときに気づいたのだが、高知では一九三五年（昭和一〇）頃を境として、どのような田舎でも幽霊が妖怪を圧倒するようになったのである。つまり、怪異や不思議な出来事の解釈に、妖怪ではなく主に幽霊を用いるようになったということである。

一九二〇～三〇年代は、県庁所在地をはじめとして、近世の城下町などを基礎にした近代的な都市が各地で成熟を始め、それらの都市を鉄道が起点の東京に結び付け、さらには、全国各地の都市に生活の近代化の象徴として「百貨店」が設立された時期である。また、そのように年々激しさを増す社会変化のなかで、田舎にようやく残った、消え去る一方の前近代的生活文化の採集を急ぐ柳田国男が、後の日本民俗学会の前身である「民間伝承の会」を設立（一九三五年）した時期でもある。

『口丹波口碑集』は一九二五年刊行であることから、大正末期に事例を採集したと推測できる。そうすると、高知の「田舎」で見られたような妖怪から幽霊への変化が、京都と大阪にほど近い口丹波地方でも起こったと考えられるのである。怪異の説明に幽霊と妖怪が併記されていることから、むしろ、変化の過渡期であったと考えられるかもしれない。つまり、高知と同じように口丹波でも都市化という生活環境の変化が生じ、それにともなって、人びとの生活感覚が変容したということだったのである。

だが、自明のものと思われている「都市」の前史を垣間(かいま)見てみると、それとは異なった視点から、都市と幽霊の関係をより深く捉えることができるのである。

マチと都市

日本の都市について無視することのできない重要な書物を著したのは、やはり柳田国男である。柳田の『時代ト農政』(一九一〇年)、『都市と農村』(一九二九年)、宮本常一や宮田登などの研究を参考にしながら、日本の都市の歴史と特徴を考えてみることにしよう。

柳田によると「都市」という言葉は、明治時代に city など「町場」を意味する外国語を漢語に翻訳したものであるという。西洋の町場は日本とはまったく異なり、「高い障壁(しょうへき)を以(もっ)て郊外と遮断し、門を開いて出入りをさせて居る商業地区」であり、「耕作漁労の事務と、何等(なんら)直接関係をもたぬというのみでは無く、そこには市民という者が住んで居て、其(その)

心持は全然村民とは別であった」。つまり、日本には「都市」という言葉も概念もともになかったわけで、明治以降「都市」と称するようになった地域の多くは、かつて「マチ」と呼ばれた場所であった。

マチは、現在でも地名として残る二日市や六日町のように、毎月の二日、一二日、二二日あるいは六日、一六日、二六日と、「二」や「六」のつく日限定で立てられた「市」（日切市）や、常時市が立つ「常見世」と呼ばれた場所を示していた。また、私たちは「高知は城下町である」という言い方をするが、実は、マチは城下全体ではなく、城下のなかで商人や職人が住み、仕事を行なう場所を指す言葉だったのである。つまり、城を中心として武士の屋敷が集まる場所が「城下」であり、商人・職人が住む場所は、城下に付属して建設されたマチということで「城下町」と呼ばれていたわけである。

さらに重要なことは、マチが内在する村もあったということである。宮本常一は、一八七九～八〇年（明治一二～一三）に刊行された、全国の人口一〇〇〇人以上の地区の人口、戸数、物産などを記した国政統計資料である『共武政表』をもとに、石見・佐摩村大森町（三九三戸）、摂津・東高津村餌差町（七九戸）、出雲・一窪田村一窪田町（六三戸）、備前・帯江新田村茶屋町（九四戸）などをその例としてあげている。これは、村の外部もしくは村と村の境界に立っていた市が、地域によって異なるが、中世後期から近世初期頃に村の内部に組み込まれ、常時市が立つという意味のマチと呼ばれるようになったからである。帯江新田村はその名からすると、おそらく近世初期に新田開発を行なうために生まれた村であるが、そうした村では、最初から職人・商人が住むマチを同時につくったと考えられよう。

一八八九年（明治二二）に施行された「市制」と「町村制」により、私たちは「町」を都市と村の中間に位置する小規模な都市、そして「村」を自然の残る「田舎」だと思い込むようになった。ところが、「マチ」は「村」の上位概念・上位名称ではなく、「村」や京の「都」のなかにも散在（さんざい）する商工業の場だったのである。

一九八〇年代後半から九〇年代初めにかけての頃、私は会津や近畿の山村、能登の漁村などいくつかの調査地で、村でただ一軒きりの雑貨屋（よろず屋）が「マチ」と呼ばれるのを聞いたことがある。あるいは現代でも、繁華街のなかで百貨店や老舗（しにせ）が集まる地区を、とくに「マチ」と呼んで区別する老人がいる。こうしたマチという呼称は、マチの前近代的な特徴を表わす言い方の名残（なごり）なのである。つまり、「都市」とは、明治に入り、前近代のマチを基礎として人口規模が拡大した地域を呼ぶためにつくられた新しい言葉だったわけである。

結節点としてのマチ

このように前近代のマチの特徴を把握するならば、マチは地域というよりも、各地の村、城下、そして、京・大坂・江戸の「三都」を相互に結び付け、モノ（商品）・人（労働力など）・情報を交流させる結節点であったことが理解できるだろう。したがって、三都や城下から遠く離れた地域であっても、そこが交通の要衝であるならば、商人や職人と客、さらには遊女なども集まってマチの規模は大きくなり、活気に満ちた場所となったわけである。

ただ、こうしたマチは、柳田が指摘したように、城壁によって囲い込まれた西洋の町場とは異なり、農村や漁村、山村と軒を連ねる形で存在した。ということは、マチ独自の生活文化が成立、発展したのではなく、常に村の生活文化と相互に影響を与えあっていたということになるだろう。一〇〇万という世界最大の人口を抱えた江戸も、その例外ではない。たとえば、都市的な怪異と農村的な怪異が混在する「本所の七不思議」は、それを明確に証明するものである。現代でも江戸の下町情緒が色濃く残る本所は、数多くのマチが集まり巨大化した江戸の東側を区切る隅田川の「川向う」であり、関東の茫漠と広がる農村地帯との境界に位置していたのである。『東海道四谷怪談』も、武士の城下、商人・職人のマチと農村の連続性を背景として描かれた怪談といえよう。

文芸評論家の川村湊は、「江戸という町が、草深い武蔵や下総の国の農村地帯に浮かぶ浮き島のようなものであった」とし、これを「農村都市」と名づけているが、前近代のマチの特徴を考えるならば、全国各地の城下町など、すべてのマチに共通する特徴であったといえるのだ。

こうしたように前近代のマチを把握してみると、『口丹波口碑集』の「算盤坊主」は、村のなかに存在したマチでの怪異譚であった可能性もあるわけである。あるいは、マチの規模が小さいため、マチの幽霊譚と自然系の妖怪が同時に語られた場所であったとも考えられるだろう。さらには、そこに近代の「都市化」という社会変化が重ねられた事例として位置づけることも可能なのである。

本書では、「マチ」と「都市」の使用上の混乱を避けるため、以下、城下とマチを合わせて「城下町」、数多くのマチの集合体であった京・大坂・江戸の三都や城下町など地域全体を指す言葉として「都市」、そうした「都市」に含まれる武士の居住地区や商工業の場といった個々の地区を「マチ」と記し、また、村の内部にマチが含まれていることもあるため、マチではない集落を「ムラ」と表わすことにする。

死んだ父親が娘を呼ぶ

さて、マチの幽霊とムラの妖怪の関係性を考えてみることにしよう。それを裏づける資料が、佐々木喜善（ささききぜん）の『遠野物語拾遺（とおのものがたりしゅうい）』（一九三五年）のなかに記されている。まず、第一六七話である。

十年ほど前に遠野の六日町であったかに、父と娘と二人で住んでいる者があった。父親の方が死ぬと、その葬式を出した日の晩から毎晩、死んだ父親が娘の処へ出て来て、いっしょにあべあべと言った。娘は恐ろしがって、親類の者や友達などに来てもらっていたが、それでも父が来て責めることは止まなかった。そうしてこれが元で、とうとう娘は病みついたので、夜になると町内の若者たちが部屋の内で刀を振り廻して警戒をした。すると父親は二階裏の張板に取りついて、娘の方を睨むようにして見ていたが、こんなことが一月ほど続くうちに、しまいには来なくなったという。（傍点引用者）

死んだ父親が寂しさのあまり幽霊となって、この世に残した娘に「あべあべ」（来い）と、あの世に誘うために出現したという話である。ここでは、父親の「幽霊」が怪異の正体とされているが、第一九〇話では、ほとんど同じストーリーながら、異なった結末が語られているのである。

昔土淵村田尻の厚楽という家で、主人が死んで後毎晩のように、女房の寝室の窓の外に死んだ夫が来て、お前を残しておいてはとても成仏ができぬから、おれといっしょにあべと言った。家族は怪しく思ってそっと家の裏にまわって見ると、大きな狐が来てひたりと窓に身をすりつけていた。それを後から近よって不意に斧をもって叩き

殺したら、それからはもう亡者は来なかったという。（傍点引用者）

一読して明らかなように、かつての遠野の人びとは、亡者が生者をあの世に連れて行こうとする怪異に対して、幽霊と狐の悪ふざけという二つの説明方法を同時に持っていたことが、これら二つの話から理解できるのである。

そして、ことさら重要な点は、遠野城下の六日町という「マチ」では怪異の原因に幽霊が選択され、城下から遠く離れた土淵村田尻という「ムラ」では狡猾（こうかつ）な狐が選択されたということである。あるいは、狐が選び出されたことから、田尻は「マチ」ではなく「ムラ」であったと考えることもできるわけである。『遠野物語』と並び、民俗学の重要な古典の一つである『遠野物語拾遺』に収められた二つの話のなかに、幽霊はマチの怪異であるという特徴が明確に埋め込まれていたのである。

変化の図式

一七五四年（宝暦四）刊行の『西播怪談実記（せいばんかいだんじっき）』と、その続編である一七六一年（宝暦一一）刊行の『世説麒麟談（せせつきりんだん）』は、三都以外の地方で、妖怪や幽霊など「民俗系」の怪異がどのように語られていたのかを知ることができる、実に貴重な書物である。

この二冊を小栗栖健治（おぐりすけんじ）と埴岡真弓（はにおかまゆみ）が編集し、現代語に翻訳した『播磨（はりま）の妖怪たち──「西播怪談実記」の世界』の解説によると、著者の春名重右衛門忠成（はるなじゅうえもんただなり）は宝永年間（一七〇四

〜一一年）から正徳年間（一七一一〜一六年）頃の生まれで、播磨国佐用村（現・兵庫県佐用郡佐用町）で暮らしていた。先ほど、村のなかにマチが存在したと述べたように、佐用も村ではあったが古代から交通の要衝で、近世期には宿駅が置かれた「在郷町」として栄えており、忠成は「那（奈）波屋」という店を営む商人であった。小栗栖と埴岡は『西播怪談実記』に描かれた化物の特徴を、次のように記している。

> ……『実記』の特色の一つは動物の怪が多いことである。奇談にも燕・鱶・鯰・亀などが登場し、それらを含めると動物譚が全体の約三分の一を占める。それに比べて近世後期に読本や芝居などでもてはやされた幽霊話は極端に少ない。三都を中心とする人間至上主義の風潮とは対照的に、宿場町とはいえ周囲を豊かな自然に囲まれた佐用の地では、そこに棲む動物たちの怪異がもっとも身近なものだったろう。

まことに興味深い、重要な指摘である。というのも、もし佐用の地が宿場町としてさらに発展したならば、佐用にほど近い京・大坂の影響を強く受け、幽霊譚がより多く語られるようになったと推測できるからである。したがって、その逆に、交通路が変更され、流通の要衝でなくなったとすれば、佐用は自然系の妖怪たちが跳梁跋扈する土地へと変貌することになったということである。すなわち、田舎の都市化によって、妖怪、とくに狐など自然系の動物妖怪から幽霊へ、その逆に、都市の田舎化によって、幽霊から動物妖怪へと移り変わっていくという図式が浮かび上がってくるのである。
この変化の構図は、西洋のような都市と農村が明確に分離・区別された文化圏では絶対に起こり得ないことであろう。日本は都市と田舎がいっさいの障壁なしに連続している。だからこそ、地域の政治経済的な変化にともない、「民俗系」の化物が姿を変える可能性を持っていたのである。

三都の幽霊・マチの幽霊

かつて幽霊文化の研究をリードしたのは、広末保、松田修、高田衛(たかだまもる)、諏訪春雄、服部幸雄といった近世文学や近世芸能史の研究者たちであった。文学や芸能の中心地は何といっても「三都」以外にはありえない。しかも、「三都」では、幽霊を題材とした芸能や文芸作品が量産されたのである。そのため、近世文学や芸能史の分野では恐怖や美意識を語り演ずる「幽霊文化」こそが、近世文化の特徴や近世の人びとの心性を探るための重要な資料として位置づけられていたわけである。

それに対して、民俗学で幽霊研究がほとんど進まなかったのは、柳田国男一人のせいにすることはできないだろう。むしろ、柳田が敷いた農山漁村に残る古い生活文化研究というレールを微塵(みじん)も疑うことなく墨守(ぼくしゅ)してきた民俗学者が等しく背負うべき問題である。しかし、農山漁村のなかにも存在した「マチ」に着目するならば、幽霊が「ムラ」の自然系妖怪と覇権を争っていたことが浮かび上がり、幽霊を文学や芸能史とは異なった民俗学独自の視点から捉えることが可能となるのである。

近世の幽霊の再定義

では、これまでの検討内容を踏まえ、本書の目的にそくして、近世における幽霊の再定義を試みることにしよう。

絵巻や草双紙などの「創作系」で妖怪たちがキャラクター化されていたように、幽霊も生前の姿で、たいていは長いざんばら髪、青白い顔色、白い死装束、前に垂れた両手というように、はっきりとキャラクター化されていた。つまり、妖怪たちと同列に置かれる妖しい「モノ」だったわけである。鬼として出現する場合も、生前の姿から鬼というキャラクターに変身したと捉えることができる。「民俗系」の資料においても、前近代の日本人は、怪異の原因として幽霊と妖怪を同等の位置に並べていたことはすでに確認したとおりである。

そうすると、まずは、「近世における幽霊は、妖怪とともに化物に含まれる文化的事象で、妖怪とは異なり、生前の姿で生者の前に現われる死者の霊」と定義することができるだろう。この場合の「化物」は、小松和彦の考えにしたがい、祭祀された霊的存在を「神」とするのに対して、祭祀されない霊的存在を意味している。

しかし、このように化物のなかに幽霊を含み込んだ定義だけではまだ不十分である。というのも、とくに「民俗系」の資料において、幽霊は都市やマチの化物であるという特徴が明確に示されているからである。

また、幽霊と妖怪の区別について、作家の京極夏彦は「ウブメ」を例に、「結論からいうなら、ウブメは幽霊でもあり妖怪でもある。理由はどうあれ、死んだ筈の人間が現れたなら、それはやはり幽霊なのである」と述べ、次のように幽霊を定義する。とても重要な指摘なので、長くなるが引用を続けてみる。

> 但し、固有名詞を失ってしまったなら、それはお化けと呼ばれるしかない。何故なら幽霊は「死後も意識——自我が保存される」という原則に則ってこそ定義されるものだからである。生前の固有名詞が失われたなら、その段階で生者であった証もまた失われてしまうのだ。遺恨を残して亡くなった某の幽霊は、単なる怪しきモノになってしまう。
>
> しかし固有名詞は失われても属性だけは残る場合がある。あの怪しいお化けはどうも産褥で死んだ女らしい——というような場合は「産褥で死んだ女」という属性だけが残存していることになる。個人的な情報は捨てられ、「産褥で死んだ女」という概念だけが抽出されて普遍性を獲得し、やがて「ウブメ」という共通の名前を得ることとなる。ウブメはウブメという名で呼ばれた時に幽霊から妖怪になるのである。

つまり、死者を特定できる場合は「幽霊」だが、死者の名前が忘却されたり、話のなかから抹消されると、ウブメという「妖怪」にカテゴライズされてしまうということである。ウブメと類似した化物である「子育て幽霊」も、死者自身が名前を名乗るなり、目撃者が死者を特定できれば幽霊であるが、そうした個人情報がなければ「子育て幽霊」と幽霊の名称はとどめるものの、実質は「人間の姿で子ども育てる妖怪」となり、幽霊ではなくなってしまうのである。『口丹波口碑集』での事例も、自殺した小坊主という個人情報もしくは記憶が失われると、幽霊ではなく、夜な夜な怪しい音をたてる「算盤坊主」という妖怪に移行するわけであり、実際そのような変形が行なわれたことを見た。タクシーの怪談など、現代の都市伝説でも、幽霊と妖怪のあいだをさ迷う無国籍の怪異を大量に発見できるはずである。

幽霊と都市、マチの関係、そして、この京極の重要な指摘を踏まえるならば、幽霊と妖怪をいったん化物として統合したうえで、もう一度別のカテゴリーに分離する必要があることが理解できるであろう。そこで、暫定的ではあるが、近世の幽霊を次のように定義することにしたい。

近世において、小説や絵画、芸能などの「創作系」、民間の伝説や世間話などの「民俗系」を問わず、祭祀された霊的存在である「神」に対して、祭祀されない霊的存在は「化物」と呼ばれ、幽霊はその一種目として他の化物と同列に扱われていた。

幽霊はほかの種目の化物とは異なり、生前の姿で生者の前に現われる死者の霊であるが、そもそも死者を特定するための情報がなかったり、その情報が失われた場合には、幽霊ではなく新たな種目を作成、あるいは、既存のほかの種目に回収されることになる。それに加えて、「民俗系」の幽霊は、都市やマチに出没することを特徴としていた。

近代以降は、妖怪たちに代わって幽霊のみが増殖し、圧倒的な優位に立つようになった。そして、幽霊しか現われないのが、現代という時代である。加えて、日常的にも、創作系の作品でも、化物という言葉が使われなくなって久しい。したがって、あえて表現するならば、怪異の総称として「幽霊」もしくは「霊」があり、その下位のカテゴリーは「幽霊」のみということになるのかもしれない。近代以降の幽霊の定義は、豊富な事例の検討を通して慎重に行なわなければならないが、本書の守備範囲を大きく超えることなので、別の機会にじっくりと考えてみることにしたい。

生霊であっても死霊であっても、人間の「霊」が見えるはずはない。そもそも、人間の「霊」は文化的な仮設事項にすぎず、実在しないからである。ところが、すでに確認したように、幽霊が幽霊であるためには、人間の目に見えなければならない。ということは、存在しないはずの霊が可視化されたことには、何か社会的、文化的な理由があるはずである。

可視化の系譜と構造

なぜ幽霊が見えるのか？

そこで、この節では、日本における幽霊の歴史を簡単にたどりつつ、近世を迎え、宗教的な能力がないごく普通の者が幽霊を目撃できるようになった理由を検討してみることにしよう。ここでも、近世都市の生活文化が決定的な影響力を持っていたことが明らかになるはずである。

幽霊とは、死者が自身の肉体を失ったために霊魂の戻る場所がなくなり、それが生前の姿となってこの世にさ迷い出たものと捉えることができる。つまり、肉体と霊魂が分離可能という文化的な前提があって、幽霊という文化的な事象が成立するわけである。

脱け出る霊魂

古代の日本では霊的存在に「タマ」とか「モノ」などという名前を与えたが、この霊的存在は生きた人間の体内から抜け出す場合もあると考えられていた。平安時代中期の歌人である和泉式部が、「もの思えば沢の蛍もわが身よりあくがれ出ずる魂かとぞ見る」と詠んだ和歌がある。もの思いにふけっていると、せせらぎの上に飛びかう蛍が出す光が見えたが、それは自分の体から離れ出た魂かと思った、という意味である。こうしたように、平安時代では魂が人間の体から抜け出ることを「あくがる」と呼んでいた。「憧れる」という語の原形である。そのほかにも、「魂消る（たまげる）」という、極端に驚いたために魂が体から抜け出た状態を示す言葉がある。

死者の霊魂に関しては、さらに古く遡り（さかのぼり）、『万葉集』巻一六に、「人魂のさ青（を）なる君がただひとり逢へりし雨夜の葉非左し思ほゆ」と、文献上最古の「人魂」を詠んだ歌がある。こうしたことから、遅くとも万葉の時代には幽霊作成のための準備が整っていたことになると考えられるだろう。

もちろん、江戸時代でも人魂の目撃談は数多く記録されていた。通常、人魂は死者の霊魂を意味するため、正確には人魂といえないが、平戸藩主の松浦静山（一七六〇年生～一八四一年没）が見聞きした話や風俗などを書き留めた『甲子夜話』の巻一一に収められた話を紹介してみよう。

酸漿の実のような魂火

平戸でのことである。妻帯者である田村某が、ある日の夕暮れ、愛人の家に急いでいると、一〇間（約一八メートル）ほど先の地上五、六尺（約一・五～一・八メートル）くらい上に、青く光る酸漿の実のような火が浮かんでいるのが見えた。田村は狐狸のせいだと怪しみ、斬り捨てようと近づくと火は離れていき、立ち止まると火も止まる。火を追っていくうちに女の家の前に着いたので、なかに入ろうとすると、火は田村より先に窓の隙間から家に入ってしまった。寝ている女を起こすと驚いて目を覚まし、「あなたが来るのが遅いので待ちきれずに寝てしまったが、夢のなかであなたを迎えに行き、そこであなたと出会ったのでいっしょに家に入ったと思ったら、あなたが私を起こした」という。田村は女の情の深さを嬉しく思いつつも、恐怖も感じたので、それからは女の家に行くことも稀になったという。「是も亦魂火なるべし」。

また、平秩東作の『怪談老の杖』（一七五四年？）の「紺屋何某が夢」は、侍が茶碗ほどの大きさの火の玉を見つけ、怪しいものと思い斬ろうとすると、火の玉は坂道を転げ落ち、紺屋（染物屋）の家のなかに入った。この火の玉は、就寝中の紺屋の男から抜け出たもので、男は刀を抜いた侍に追いかけられる夢を見ていた、という内容の話である。

一般的には、人魂は自然現象であると説明されるが、これは倒錯した説明の仕方である。空気中で何かが発光したり発火することは、物理学的な説明が可能な自然現象にすぎない。この現象に、人間が「人間の霊魂」という「意味」を与えてはじめて「人魂」が存在することになるのである。人間の霊魂が不可視であると、その存在を証明することができず、文化的な仮設が崩壊してしまうことになる。そこで、人魂は光ったり青色に燃えたりするという説明を与えたのである。この人魂がさらに徹底的に擬人化される、すなわち、人の形となって生者の前に現われるようになったものが「幽霊」ということになるだろう。

幽霊信仰の成立

死んだはずの人間が、この世に生前の姿で現われることがある。こうした宗教的な考えを「幽霊信仰」と呼ぶことにする。では、この信仰はいつ頃から始まったのであろうか。

そのことを示す最も古い説話として、薬師寺の僧である景戒が、平安時代初期の弘仁年間（八一〇～二四年）に著したとされる日本最初の仏教説話集である『日本国現報善悪霊異記』（『日本霊異記』）の下巻第二七話「髑髏の目の穴の筍を掲き脱ちて、以て祈ひて霊しき表を示しし縁」がある。

宝亀九年（七七八）一二月下旬のことである。備後国葦田郡の人、品知牧人が深津の市（現・広島県福山市付近）に買い物に行く途中、日が暮れたので竹藪で一夜をすごしていると、夜中じゅう、しきりに「目が痛い、目が痛い」といううめき声が聞こえ、結局眠ることができなかった。翌朝見ると髑髏があり、目から笋（タケノコ）が生えていた。昨夜のうめき声の原因はこれだと思い、笋を抜き、干飯を供えて「私に幸せを与えてください」と祈った。その後、市場に行くと、自分の思い通りに品物を安く買うことができ、あの髑髏が恩返しをしてくれたのだと思った。

市場からの帰り、同じ竹藪に泊まった。すると、先の髑髏が生きた人の姿で現われ、「私は葦田郡屋穴国の里の穴君の弟公です」と自分の素性、伯父の秋丸に殺害されたことと、苦痛を取り除き供養してもらったことのお礼を述べ、今月の晦日の夕べに自分の家に来るように誘う。その晩でないと恩返しができないという。

牧人がその日に家に行くと、弟公の霊が牧人の手を取って部屋のなかに案内し、ご馳走をともに食べてもてなした。弟公は牧人に残った食べ物を包んで持たせ、良い品物も分け与え、しばらくして、急に弟公の霊が姿を消した。

その後、弟公の両親がもろもろの霊を拝むために部屋のなかに入ると、牧人がいるので驚き、理由を尋ねた。牧人が事細かに事情を説明すると、秋丸の悪事が明らかに

なり、秋丸も観念して罪を白状した。（以下略）

牧人は「大晦日」に弟公の家に招かれ歓待されているが、これは、大晦日が故人の霊がこの世に戻って来るという「魂祭（たままつり）」の日であったことを示している。つまり、死者の霊がこの世に戻って来られるのは大晦日しかなかったため、弟公はその日を指定したのである。「魂祭」は、吉田兼好の『徒然草』第一九段の記述などから、都では早くに廃（すた）れたが、地方では鎌倉時代の頃まで行なわれていたと考えられる。

さて、この説話のなかで「幽霊」という言葉は使われておらず、「霊（たま）」と記されているだけである。しかし、死者が生前の姿でこの世に現われていることからすると、弟公は「幽霊」となって牧人に恩返しをした話と捉えられるのである。

また、同じ『日本霊異記』の上巻第一二話「人、畜（けもの）に履（ふ）まれし髑髏の、救ひ収めらえて霊（あや）しき表（しるし）を示して、現に報いし縁」という話がある。

大化二年（六四六）、元興寺（がんごうじ）の僧侶である道登（どうとう）が宇治橋の架橋のため現場を往復したとき、奈良山の谷間で人や獣に踏みつけられている髑髏を見つけたので、従者の万（ま）侶（ろ）に木の上に置かせた。その年の大晦日、一人の男が万侶に会いに訪れ、この日でなければだめだといって、恩返しにご馳走をふるまう。あくる朝、あわてて帰ろうとするので理由を尋ねると、自分を殺して金を奪い取った兄がやって来たという。大晦日

の魂祭で、死んだ弟などの霊を拝むためにこの家にやって来た兄と母に万侶が事情を話して、兄の悪事が暴かれた。（以下略）

先の話と内容はよく似ており、やはり、「魂祭」の日にしか、死者はこの世に舞い戻れなかったことが示されている。以上のような事例から、九世紀の初め頃には、私たちにとってなじみの深い「幽霊」像をともなった「幽霊信仰」が成立していたと見られるわけである。

日本最古の幽霊

しかし、諏訪春雄によると、右に記した『日本霊異記』の二つの話の内容が、「死者が幽霊として出現し、報恩のためにその恩人を自分の家に伴う」、「死者は肉親または知人によって殺されている」、「殺人者が現われたために幽霊は消え失せる」など六つの点において一致することから同系の「枯骨報恩譚」であり、さらに、これは『日本霊異記』から約四〇〇年以前、中国六朝・宋の時代に劉義慶が編纂した『幽明録』所収の説話の内容と完全に一致すると述べる。すなわち、諏訪は、『日本霊異記』の幽霊譚は中国でつくられた説話をもとに翻案されたものであり、日本独自の幽霊譚ではないとしているのである。

諏訪によると、「日本種」の幽霊譚の先駆けは、『日本霊異記』から約三〇〇年経った一二世紀初頭頃の平安時代後期に編纂された仏教説話集『今昔物語集』に収められた複数の幽霊譚であるという。その理由として、説話の典拠が中国など外国にないこと、話の運びが平安時代末期の日本人の考え方や風俗を反映していること、同系統の話が当時広く日本に流布していたことをあげている。

諏訪が例としてあげた『今昔物語集』の幽霊譚のなかから、巻二七の二「川原院の融の左大臣の霊を宇陀院見はし給へる語」の内容をかいつまんで紹介しておくことにしよう。

宇陀の院が住んでいる家でのこと。ある夜半、衣冠束帯姿の人物が太刀を帯び、笏を手にして、二間（約三・六メートル）ほど離れたところにかしこまっているのが見えた。院が、そこにいるのは誰かと尋ねると、この家の主の源融だと答え、ここに住んでいるが、院がおいでになるので恐れ多く気詰りだという。院が、この家は奪い取ったものではなく、お前の子孫が献上したものである、なぜそのようにいうのか、と一喝すると、融の幽霊はかき消すように見えなくなり、それ以降、二度と現われなくなった。

諏訪の説明は一考に値する重要なものである。しかし、日本でも遅くとも万葉の時代には、死者の霊魂が体から離れ、しかもそれが人魂として目に見えるという思想が存在していたことからすると、『日本霊異記』の以前から幽霊信仰があったとしても不思議ではないように思える。というのも、そもそも幽霊信仰がどのように素朴なものであっても、何らかの形で存在していなければ、『日本霊異記』の幽霊譚は当時の人びとによって受容も理解もされなかったと考えられるからである。そこで私は、諏訪の述べるとおり『幽明録』の翻案かもしれないが、『日本霊異記』の二つの幽霊譚をもって、文献上で確認できる日本最古の幽霊であるとするのが妥当だと考えている。

見えない死者の霊との交流

以上のような文化的前提によって幽霊信仰が成立し、徐々に発展して、人びとのあいだに広まり浸透することになった。しかしながら、生者と死者の霊との交流は、何も幽霊だけに限ったものではない。生前の姿に「可視化」された死者の霊という幽霊の最大の特徴を捉えるためには、そのほかの死者の霊との交流の方法を把握しなければならないはずである。そこで、死者の霊と生者の交流の方法をまとめてみると、以下のように三つのタイプをあげることができるだろう。

Ａ　死者の霊を直接目撃する。

Ｂ　宗教的職能者（シャーマン）が死者の霊を自分の体に憑依させ、死者が職能者の口を借りて生者と話をする。

Ｃ　何らかの理由によって、死者の霊が一般の者や宗教的職能者に憑依し、その者の口を借りて死者が生者と話をする。

Aのタイプが幽霊であることは説明するまでもない。BとCのタイプは「憑霊（ひょうれい）」とも呼ばれる文化現象である。ここで注意したいのは、幽霊の憑霊、すなわち「幽霊憑き」という現象はありえないということである。というのも、死者の霊が生者に憑依しているとしても、それが誰かの目に見えると憑霊ではなく幽霊となってしまうし、見えなければ幽霊ではなくなってしまうからである。

Bのタイプは、東北地方の「イタコ」や「ゴミソ」、沖縄・南西諸島の「ユタ」と呼ばれるような宗教者を想起すれば理解できるだろう。現代でも、とくにお盆の時期になると、霊地あるいはパワースポットとして有名な青森県の恐山で、多くの人びとがイタコを通じて亡くなった家族や友人などと話をする風景が見られる。こうした、イタコやユタなどプロの宗教的職能者による行為を、民俗学などでは「口寄（くちよ）せ」といい、それを行なう者を「霊媒（れいばい）」と呼ぶ。

「口寄せ」「口走り」と死霊

Cのタイプは Bとは異なり、突然、死者の霊が生者に憑依するというケースである。現代人には理解しづらいと思われるので、江戸中期に江戸南町奉行や勘定奉行などを歴任した根岸鎮衛（ねぎしやすもり）（一七三七年生～一八一五年没）が見聞きした話を書き留めた『耳嚢（みみぶくろ）』から事例を引いてみたい。「全身の骸骨（がいこつ）掘出せし事」（巻の九）という話である。

四つ谷辺御旗本の屋敷におゐて、全身の骸骨を掘出しけるに、珍敷事故、「何れ捨置もいかゞなり」とて、近辺の寺へ送り葬りしに、其夜召使ふ下女口走り品々の事を言ひしが、「我骨を掘出し寺へ送りしはさる事（然るべき処置）なれど、一向に法事・供養もせざる事ぞ心得ね」と申ける。翌日正気に成りし故、右下女に尋ければ、「大きな坊主来て、しかゞの事云ふ」よし答ける故、「さる事もありなん」と、金弐百疋布施として右寺へ贈り、法事などいたしけるが、其夜もまたゞ右下女何か不分戯言なして、夜すがら騒がしかりける故、翌朝正気付し頃又々尋ければ、「昨日法事もなし呉て辱よし、最早本意も叶ひし上は重て来るまじ、主人へもよくゞ礼を頼むと申ける」と語り、其後は右様の事も無かりしとや。文化十年（一八一三）六月の事のよし。（傍点および括弧内は引用者）

根岸が耳にしたこの話では、下女に死者の霊が憑依して供養を要求しているわけだが、こうした現象を職能者の「口寄せ」に対して、本文にもあったように「口走り」という。おそらく、全身の骸骨を目にした下女は大きなショックを受け、一時的な精神混乱の状態に陥ったため、霊の憑依という現象が起きたのであろう。

さらに、神谷養勇軒の『新著聞集』（一七四九年）第一〇「幽魂勘定」と題された世間話を見てみることにしよう。

越前宰相殿の代官野本弥次右衛門、身まかりし後、手代共、身がまへし物をとり奪ひ、勘定立がたきといふて、金銀、諸道具残る所なくとり上、妻子は追放に定りしに、召つかひの下女に物託て、我は弥次右衛門なり。手代の奴原、私欲に恩をわすれ、此家を取倒し、我儘をふるまはんとせし事無念なり。只今、すみやかに勘定すべきぞ。目付役人誰彼を呼べとて、おの〳〵を招きあつめて、年々の帳、そのほか、用ある書物など取出させ、勘定したてけるに、露も違はざりし。我は是までなり。いざ帰るぞとて、枕引よせ、二日寝て、物託さめにけり。其間、物いふこゑ手跡まで、弥次右衛門存生に、すこしも変る事なかりし。此よし、宰相殿きこしめし、奇特の事なりとて、跡を立て、のち〳〵加増下されしとかや。

代官の死後、奉公していた手代たちが恩を忘れ、私利私欲に走った行為をしていたところ、弥次右衛門の死霊が取り憑いた下女が「口走り」して、見事に事件を収拾したという話である。この話では、下女の「口走り」する声、書く文字が亡くなった主人そっくりだったため、目付役人を含めた全員が主人の霊だと信じ込んだと思われる。

「口寄せ」「口走り」いずれの場合も、死者が姿を見せることはいっさいない。もし出現したならば、ただちに「幽霊」の話へと変化してしまうからである。そこで、姿を現わさず、「口寄せ」「口走り」で表現される死者の霊魂を「死霊」として、幽霊と区別することにしたい。

遅くとも平安時代には幽霊信仰は成立していた。しかしながら、江戸時代が始まるまで、死者の霊との交流、交信の方法は「口寄せ」「口走り」が最も一般的な方法だったのである。別の言い方をするならば、近世になって、ごく普通の者が幽霊を見ることができるようになったということなのである。

霊魂が見える工夫

こうしたことの背景の一つに、中世後期に隆盛をきわめた「能」の影響があると思える。演劇評論家の権藤芳一は、死者の霊のように「本来見えないものを、可視的な構造をとらざるを得ない舞台芸術として、能作者が採用した脚色法の巧みさ」の例として、『葵上（あおいのうえ）』で原作の『源氏物語』にはない巫女（みこ）（ツレ）を登場させ、宗教的職能者である巫女の目を通して六条御息所（ろくじょうみやすんどころ）の霊を可視化させるが、巫女とともに登場している朝臣（あそん）（ワキツレ）には御息所の霊（姿）が見えないという設定をあげている。また、諸国一見の僧にのみ霊の姿が見え、霊が語る物語を聞くというストーリーも同じ設定である。

もちろん、巫女や僧侶という宗教的職能者が霊を見ているという点に留意すべきである。しかし、『源氏物語』や『今昔物語集』のような文字だけの二次元の世界ではなく、舞台という三次元の世界に死者の「霊」を上げたことは、幽霊のイメージをより鮮明に具体化させ、その影響は、能の後援者であった貴族、武士はもとより、能楽の普及にともない一般の者にまで及んだと容易に想像することができるはずである。

誰でも幽霊になれる

能と同じく室町時代に大成した芸能に「狂言」がある。「武悪（ぶあく）」と「塗師（ぬし）」のたった二つではあるが、興味深いことに、生者である主役（シテ）が幽霊に化ける曲がある。「武悪」のあら筋を途中まで紹介してみよう。

武悪という名前の召使がまったく働かないのに業（ごう）を煮やした主人が、太郎冠者（たろうかじゃ）に成敗（せいばい）（殺害）してこいと命じる。太郎冠者は仕方なく行くが、武悪が剛の者であることを思い、だまし討ちにしようとする。しかし、同僚をどうしても殺せない。そこで、主人に殺したといってだますので、武悪にどこか遠国に出奔（しゅっぽん）しろという。武悪を討ったと聞いた主人は気晴らしに太郎冠者を連れて東山に遊山（ゆさん）に出かける。一方、武悪は旅立つ前に、普段から信心（しんじん）している清水（きよみず）の観音に暇乞（いとまご）いに行くが、運悪く、主人一行と出会ってしまう。あわてた太郎冠者は、武悪に死んだのだから幽霊になれと詰め寄る。

（太郎）「……そなたは幽霊に成て御目にかからしめ」
（武悪）「ムム、某も今迄色々の者に成たが、ついにゆうれいに成た事はおりない」
（太郎）「……誰が幽霊に成た者が有る物じゃ。むかし語（がたり）にも聞及ふだで有う程に、

幽霊らしう取つくらふて、あの影から出さしめ」（以下略）

また、「塗師」では、京で同業者間の技術争いに敗れた師匠が、越前北の庄（現・福井県）で繁昌している弟子の平六を頼って訪れる。師が居座（いすわ）ると夫の仕事がなくなると考えた女房が夫はすでに亡くなっているというが、結局言い逃れできなくなり、夫に幽霊になって出ろと命ずる。そして、武悪と太郎冠者の会話のように進行する。

武悪も平六も、白い鉢巻、白っぽい衣裳を身にまとい、僧侶が持つ「中啓（ちゅうけい）」（扇）を手にし、さばき（ざんばら）髪で杖をついて主人の前に現われる。能の幽霊たちは生前の着飾った姿で現われるのに対し、彼らの姿はむしろ現代日本人が考える幽霊のイメージにきわめて近いといっていいだろう。つまり、ざんばら髪に垂らし、死装束を喚起（かんき）させる白い衣裳を身にまとえば、誰でも幽霊になれるということである。

こうした能の生前そのままに着飾った姿の幽霊と狂言の死装束姿の幽霊の混在は、そのまま近世初期の幽霊像に引き継がれていくことになるのである。

「口寄せ」の衰退

近世に入ると、死者の霊との交流の主役を務めてきた「口寄せ」が、ついに幽霊に主役の座を譲り渡すことになった。たとえば、「酒に命を捨し事」というタイトルの話が『耳囊』巻の三にある。

佐渡の国のある老人が語った話である。その老人が召し使う者のなかに無類の酒好きの男がおり、「生涯の思い出に、飽きるほど酒を飲んで死にたい」というので、ある祝儀の日に酒を三、四升出したところ、三升ほども飲んだとき血を吐いて死んでしまった。老人の妻などが集まって、「好きなことをして死んだのだから、かわいそうなこともないだろう」といって、「笹はたき」という巫女を呼んで口寄せをさせたところ、その男の霊が巫女の口を借りて、「ありがたいことです。長年嗜(たしな)んできた酒を飽きるほど飲んだ嬉しさは忘れることができない」という。「死んでからはどうしているのか」と尋ねると、「その後のことは私自身も知らない」といったので、みんなで大笑いした。口寄せなどをする巫女の類いは信じることができないけれども、生きているときでも大酒を飲んで酔っ払ってしまうと前後不覚となるもの。ましてや死んで後のことならば、まさにそうであろうと話すのがおかしいものであった。（傍点引用者）

根岸が書き留めたこの話や、井原西鶴が『西鶴織留(さいかくおりどめ)』（一六九四年）の巻三に、「今時は物か(か)ゝぬといふ男はなく、何事にても外(ほか)の知恵をからず、面〱(めんめん)に諸事を済さぬといふ事なし」、すなわち、今日では物を書けない男は一人もおらず、何事であっても他人の知恵を借りずに、それぞれが自力ですべての事を処理しないということはないと記していることから、多くの人びとが合理的な思考方法を身につけ、「口寄せ」を迷信であるとしてほとんど信じなくなっていたことが理解できるだろう。

したがって、「口走り」に関しても、『新著聞集』の事例は、考えてみれば、下女は毎日のように主人の声を聞き、主人の書いたものを見ていたわけだから、主人そっくりに真似ができても何の不思議もないだろう。むしろ、奉公人たちの不正を正すために、精神的な混乱を装っただけかもしれない。そうすると、下女のあまりにも正確で倫理的な行動によって、関係者が冷静さを取り戻したと見ることができるのではないだろうか。『耳嚢』の事例も、錯乱状態にあった下女の精神を安定させるために、家人が「もっともなことだ」と口走りによる要求に応えたとも考えられる。いずれにしても、近世の人びとはきわめて合理的かつ冷静に「口寄せ」「口走り」に対応していたと考えられるのである。

このようにして、憑霊文化は、江戸期、とくに都市部において衰退の一途をたどっていったが、それは、都市は冷徹な合理的思考を必要とする商業の場であったからである。また、このこと以外に、「口寄せ」信仰衰退の原因として、仏教の変容をあげることができるだろう。

江戸幕府はキリスト教の禁止を徹底するため、すべての家をどこかの寺院に所属させる「寺檀（じだん）制度」を強力に推し進めた。現代ではかなり崩れているが、「檀家（だんか）」と「檀那寺（だんなでら）」の関係がそれである。一七世紀中頃には、寺檀制度が全国に広まり、歴史学者の圭室文雄（たまむろふみお）によれば、一六七一年（寛文一一）、宗門人別帳（しゅうもんにんべつちょう）が全国一律の同じ文言で作成されるようになったという。

仏教の布教に際して、「口寄せ」などの憑霊呪術で人びとのニーズに応えていた民間宗教者は邪魔者となる。そこで、人を呪うことや邪道を意味する「巫蠱（ふこ）」「左道（さとう）」といった表現を用いて民間宗教者を迫害、排除した。このようにして、幕府という強大な権力を背景にした仏教が人びとの生活に浸透していったのである。

ただ、幕府権力に守られたことにより、仏教の世俗化や僧侶の堕落をもたらすことにもなった。しかし、近世日本文学者の堤邦彦は、民間への精力的な布教活動を通して、庶民に葬送儀礼の方法や霊魂の行方、さらには回向（えこう）、成仏、極楽浄土、輪廻転生（りんねてんせい）などの仏教的観念、人生観や現世（げんせ）意識、処世訓を根づかせたこと、すなわち、「大衆化」にこそ、近世仏教の特質を見るべきだと述べており、そうした活動でとくに用いられたのが笑い話と怪異譚であるという。堤の述べるように、とりわけ怪異譚は、人間の執着心の恐ろしさや、前世や過去の行ないの善悪に応じて必ずその報いがあるという「因果応報（いんがおうほう）」の思想を浮き彫りにする。

こうした仏教の大衆化により、幽霊にも大きな変化がもたらされることになった。たとえば、中世の亡霊の出現の時期は、なかには二〇〇年以上も後という気の長いものもあり、とくに決まってはいなかったが、近世に入ると、死者の霊がこの世とあの世の境をさ迷う「中有（中陰）」と呼ばれる死後四九日間のあいだに幽霊となって出現するようになる。「皿屋敷」のお菊など、惨殺されたその日の夜から怨霊となって現われ、恨む相手を取り殺そうとする。いかにも気が早すぎるように思われるが、これは仏教的な約束事に忠実にしたがっただけなのである。また、成仏という観念を強調すればするほど、成仏できない理由や状態を示すことにもなってしまう。つまり、近世における幽霊信仰の隆盛を支えた影の主役は、逆説的ながら、霊魂の成仏を説く仏教の民間への浸透だったというわけである。

しかしながら、仏教の普及だけでは幽霊の可視化を説明したことにはならない。幽霊が「見える」ことは、仏教の教理にもとづく現象ではないからである。それでは、どのように考えるべきなのであろうか。

幽霊の可視化と都市

そもそも、宗教者による「口寄せ」は、「占い」と同じように依頼者を信用させる内容を語らなければならないものである。すなわち、依頼された出来事や事件だけでなく、依頼者をめぐる人間関係などの情報にも精通していなければ、信頼されるに足る物語の作成は不可能だということである。住民全員がすべての家の事情に通暁する村とは異なり、人口が多い都市では、地域や家、個人の情報すべてに精通するのはきわめて困難といえよう。つまり、「口寄せ」で語られる死霊や生霊の物語が曖昧で信頼できないものとなってしまい、合理的な思考の発展もあって、近世期の都市では「口寄せ」に対する信仰が廃れていったと考えられるのである。

さて、「口寄せ」は「語り」でしかない。いかに頑張って「口寄せ」したところで、死者の霊が見えることは決してありえない。人びとは霊媒の語りによって死霊が悪霊なのか、あるいは人に危害を加えない善霊、子孫を守ろうとしている守護霊なのかを判断していた。ところが、その「口寄せ」が信頼性を喪失し衰退すれば、霊媒に頼りきっていた人びとはどのように対処しなければならなくなったのだろうか。そう、自分自身で霊の善悪を判断しなければならなくなったはずである。

これが、近世に入り、「幽霊」が明確な姿形をとって、一般の人びとの前に出現するようになった理由であると、私は考えている。すなわち、能や狂言、さらには人形浄瑠璃、歌舞伎、各種の小説（挿絵）、絵画などの知識を借りながら、鬼のような形相、姿形で出現したならば恨みを持った怨霊であり、喜びに満ちた顔つきで出現したならば善なる霊であると判断したのである。もちろん、幽霊は人間の心こそが生み出すため、心にやましいところがあれば怨霊として目撃し、もう一度会いたいと心に念じていたなら、優しげな幽霊と会うことができたということである。

ただ、ここで注意を要するのは、常に文芸や芸能が先行して幽霊のイメージをつくっていたとは簡単にいえないということである。むしろ、人びとが抱え持つ漠然（ばくぜん）とした幽霊のイメージをもとに芸能や文芸作品がつくられ、幽霊のイメージをより明確化した可能性も否定できないからである。このことについては、次章で検討を加えることにしたい。

もたつく幽霊

さて、もう一点、都市と幽霊の深い関係性を解き明かしてくれる問題がある。それは、可視的な死者の霊である幽霊は誰かに目撃されなければならないが、誰が目撃するのがもっとも好ましいかという問題である。

現代の怪談の定番の一つに「タクシーの怪談」がある。夜遅くに、長い髪、白っぽい服装の女性を乗せる。目的地の家に着いたところ、客は持ち合わせがないといい、ここは私の家なのでお金を取って来るから待っていてくれと言い残し、家のなかに入って行く。いつまで待っても戻って来ないので、運転手がその家に行くと、別の家人が出て来て、それは私の娘だが、数日前に亡くなったばかりだと話した。

池田弥三郎は、こうした現代的な怪談などを取り上げて、「幽霊になれば、その威力は全能のはずである。あの世からこの世へ、恨みを晴らそうとして登場して来るくらいなのだから、自分が出ようとする目的の場所へ、いきなり出現したらよさそうなものである。それが、意外に幽霊には、もたついたのがいるのである（傍点池田）」と疑問を投げかけている。

確かに、池田の指摘はもっともなことで、考えてみれば、プロローグで記した、川を舟で渡してもらう幽霊も自分自身で移動することができないのは、まことに不思議なことである。ほかにも、近世初期の怪談集である『諸国百物語』に、恨む相手の墓まで行くことができないため、胆（きも）のすわった武士に背負われて移動する幽霊の話（巻一の七「蓮台野二つ塚ばけ物の事」）がある（図10）。

図10　武士に背負われて移動する幽霊（『諸国百物語』巻1より）

また、『今昔物語集』巻二七の二〇「近江の国の生霊京に来たりて人を殺す語」は、道に迷った女を民部大夫の家に連れて行ったところ、実はこれが民部大夫の妻の生霊で、夫に捨てられたので復讐するために訪れ、取り殺したのだという内容である。残念ながら登場するのは幽霊ではなく、生きた人間の体からさ迷い出た「生霊」だが、何とこの「霊」は道に迷っていたのだ。

　このように、いくつかの話を時代を越えて重ね合わせてみると、古くは平安時代から江戸時代を経て、そして現代まで、池田の疑問とは逆に、自分自身で目的地に到達できないということが、幽霊の本質の一つであるとさえ思えてくるのではないだろうか。

　この、何とも不可思議な本質について、私が用意した回答は、幽霊は生者に目撃されなければならないという「宿命」から派生した特徴だということである。説明してみよう。

罪の意識と幽霊

Ａ（女性）がＢ（男性）に愛情のもつれから殺害され、恨みを持ったＡの幽霊が現われたとする。ここで、Ａの幽霊が「誰に」目撃されるのかを考えると、次の三つのパターンに分類することができるだろう。

①　犯人であるＢ個人のみによる目撃。

②　殺害現場をたまたま訪れた、事件とはまったく関係のないＣが目撃する。

③　殺害現場などで、Ⓒなど事件に関係のない複数の者が、それぞれ別の機会に目撃する。

いずれも「誰か」に目撃されているため、幽霊出現の条件は整っている。しかし、①の犯人Ⓑだけが目撃という場合、もちろん、そのことを周囲の者が信じることもあるだろうが、良心の呵責（かしゃく）に苦しんだ結果だとか、気の迷い、はては幻覚などと判断されてしまうことのほうが多いのではないだろうか。

この点について、科学史・医学史家の立川昭二（たつかわしょうじ）が興味深い指摘をしている。立川によると、精神病は、古代では共同体との違和による「狂（たぶ）れ」として、中世では超自然的存在の憑依による「物狂い」や「物の怪（もののけ）」として理解されていたが、近世になると対人関係における違和と捉えられるようになり、それが人と人のあいだにある「気の違い」、すなわち「気違い」と表現されるようになったという。人口稠密（ちゅうみつ）地帯である三都を初めとする都市や大きなマチでは、私たちの想像をはるかに超えて、現代と同じように複雑で錯綜（さくそう）する人間関係に苦しんでいたのである。したがって、近世においても、対人関係から生み出される幽霊の目撃は「気の違い」「乱心」が原因とされることも多かったにちがいないだろう。

また、『耳嚢』巻の七「退気之法尤之事（たいきのほうもっとものこと）」という話では、生者の心のありようこそが幽霊をつくり出すというメカニズムをみごとに描き出している。

文化元年（一八〇四）、麻疹が流行して多くの死者が出たが、江戸の番町のさる旗本の妻も麻疹で死んでしまった。隣に住む別の旗本の妹が美人で、世話する者もおり、後妻として迎えた。ところが、たびたび先妻の亡霊が現われたので正気を失ってしまい、いろいろと治療したが効果はなく、山伏や僧侶を招いて祈禱もしてみたが何ら効果がなかった。先妻の亡霊は、ほかの者の目には見えず、ただ後妻にのみ見えたのである。

こうした様子を聞いた者が、通り一遍の祈禱では効かないだろう、牛込最勝寺の党頭徳林院の隠居に依頼するのがよいというので早速行ってみると、「私たちの祈禱で効果があるとも思えないが、この地蔵の御影を古い位牌に張り付け、仏壇か枕元に置いて、このお茶を供えなさい」という。そのとおりやってみると、その夜から怪異が起こらなくなった。地蔵の絵の奇特とは思われない。仏器のお茶は何のためなのか。こうしたことの効果があるわけがないが、この老僧は大した知者で、後妻の気の迷いを静めることをなさったのだ。この後妻は隣の家の者なので、先妻が元気な頃から顔見知りであった。たとえ、顔見知りではなかったとしても、先妻の死後間もなく再婚したことを、亡くなった先妻は何とも思わなくても、後妻の心のうちでは先妻が恨んでいるのではと思い込み、それが霊気を呼んだということだったのである。

つまり、老僧は先妻の幽霊が後妻にしか見えないことから、後妻が抱える罪の意識こそが幽霊を生み出したと判断し、後妻に先妻の供養を命じたわけであったのだ。現代でも十分に通用する、まことに科学的・合理的な考え方にもとづいた治療方法といってよいだろう。

明治期に妖怪博士の異名をとり、迷信撲滅に尽力した仏教哲学者の井上円了（いのうええんりょう）は、人をだますために演じられた虚偽の幽霊ではなく、真の幽霊は人間の精神作用から起こると述べている。たとえば、母親が死亡した愛児が忘れがたく毎日思い出しているならば、「その姿が自然に眼に触れ、夢の如くに見ることがある。しかるときは母親は必ず亡児の幽霊を見たりというに違いない。されどその幽霊は心中の妄想がその形を現じたるまでである。（中略）己れの心の反射返影というて差支えない」。すべて幽霊はこのようなものだ、と井上は解説するが、とりわけ①のタイプにあてはまる考え方である。

第三者による目撃

これに対して、②のタイプ、つまり事件とは無関係のⒸによる目撃は、信頼度がきわめて高いものであるといってよいだろう。Ⓒが事件が起こったことを知らなければ知らないほど、信頼性は高まっていくことになると考えられる。すなわち、幽霊出現の信憑度は、幽霊を生み出す事件や出来事と関係のない「第三者」に目撃されることによって確実に高まるわけである。だからこそ、幽霊は道に迷い、舟で川を渡してもらい、タクシーに乗車して、まったく無関係の者に目撃してもらわなければならなかったのである。

この②のタイプを巧妙に用いて、実に怖ろしい幽霊譚を書いたのが、井原西鶴である。『万の文反古』（一六九六年）の「二膳据ゑる旅の面影」は、愛人の夫を殺して逃げた男が、桑名の旅籠で食事を運ばせたところ、膳が二人分据えられていたため不思議に思い尋ねると、もう一人別の者とここに来たではないかと答えられたので、もう逃げ隠れはできないといっさいを白状し、首を打たれたという話である（図11）。本人には見えず、旅籠の者だけが目撃したわけである。

考えてみれば、トンネルの事故現場に出没する幽霊は、人身事故を引き起こした当人が目撃者であるという話を、私は寡聞にして知らない。幽霊は、事故とは無関係である通りすがりの複数のドライバーたちに目撃されてしまうわけである。また、いまだにテレビや雑誌で特集を組まれるほど人気を博し続けている「心霊写真」も、たまたまその場所を訪れただけの観光客たちに撮影されるものである。このようにして、互いに関係のない複数の者たちが目撃、撮影することにより、いつの間にか有名な心霊スポットとして知られるようになり、さらに目撃者（と称する者）が陸続と現われることになる。これが③のタイ

図11　宿の者の眼には見える幽霊
（『万の文反古』巻5より）

プであり、②のタイプよりさらに信憑度を高めるものとなるのである。

いずれにしても、幽霊は誰かに目撃されなければならない。しかしながら、幽霊の関係者ではない第三者、それも複数の第三者による目撃というのが、幽霊にとって理想的なあり方だったのである。

さらに考えてみると、第三者による目撃は、互いに見知らぬ者同士の人間関係が基本である「都市」だからこそ成立するともいえる。全員が顔見知りで、それぞれの家と個人の情報に通じている「村」では、このことは成り立ち得ない。ここでもやはり、幽霊と都市の関係が浮かび上がってくることを、幽霊自身がはっきりと語ってくれていたのである。

怖い幽霊の誕生

変身する幽霊

　この章では、現代の私たちがただちに思い浮かべるような怖い幽霊が、いつ頃、どのような理由で誕生したのかについて考察するわけだが、まず、「幽霊」と「化物」の関係をさらに詳しく検討することから作業を始めてみよう。

変身する化物

国語辞典で「化物」を引いてみると、「動物などが人間の姿に化けた物」とか「正体の知れない物が、現実には有り得ない特異の姿になって現れる物」などと説明されていることから、化物とは、別の姿に化ける（変身する）神秘的な能力を持つ「モノ」であり、その意味で、「変化（へんげ）」という言葉にも置き換えることができる「モノ」でもあることがわかるであろう。

たとえば、『曽呂利物語（そろりものがたり）』（一六六三年）巻二の四「足高蜘（あしだかぐも）の変化の事」という話がある（図12）。

山里に住む男が月夜の散歩を楽しんでいると、鉄漿（かね）（お歯黒）をつけ、髪の毛を四方に散らした六〇歳ほどの老女が男を見て笑う。怖くなり、帰宅して寝ようとしたが、女が現われるようで気持ち悪く、起きるでもなく寝るでもなくまどろんでいたところ、月影にその女が映った。恐ろしさは例えようもないほどで、刀を抜きかけ、家に入って来るならば斬って捨てようと思っていると、障子を開けて入って来たので、男は刀

図12　老婆に化けていた大蜘蛛
（『曽呂利物語』巻2より）

で胴体を斬って落とした。化物は斬られて弱るかと見えたが、男も気を失いかけながら「や」と大声を出したので、驚いた人びとが来てみると男は気絶しており、しばらくすると正気に戻った。化物と思われるものはいなかったが、斬られた大きな蜘蛛の足が散らかっていた。こうしたものも、長いあいだ生きていると化けるようになるものだ。

この話から明らかなように、男の前に姿を現わした老婆は大蜘蛛が化けたモノ、すなわち「化物」、あるいは、タイトルに記された「変化」であったというわけである。

また、化物は、先の話のように動物が化けたものだけとは限らない。同じく『曽呂利物語』に巻四の四「万の物、年を経ては必ず化くる事」という話がある（図13）。

つくも神

伊予の国の出石（現・愛媛県大洲市）に山寺があった。いつの頃からか、この寺に化物が出るようになり、住職をどこかに連れ去ってしまうことがたびたび起こり、まったくの廃寺となってしまった。あるとき、関東の足利学校で学んだ僧侶が訪れ、この寺の住職になることを希望した。土地を治める二位（新居）という豪族が「化物が出るので、耐え忍ぶことはできないだろう」というが、僧は荒れ果てた寺に行った。

夜になって化物たちが訪れ、僧を取って食おうとする。それらの化物とは、「ゑんえう坊」という「丸瓢簞」、「こんかのこねん」と名乗る「未申の方の河の鯰」、「けんやのはとう」という「戌亥の方の馬のかしら」、「そんけいの三足」という「辰巳の方の三つ脚の蛙」、「こんざんのきうぼく」という「丑寅の方の古き朽木の伏したる」ものたちであった。僧は、これらの化物たちは長年生きて霊力を持っているとはいえ、何ほどのものでもないと、鉄の芯が入った錫杖ですべての化物どもを打ち砕いた。

図13　退治される化物たち
（『曽呂利物語』巻4より）

また、それら化物の眷属（子分）たちである「すふくべ（徳利。土の瓶）、すり小鉢の割れ、欠けざ鉢（欠けた鉢）、擂粉木、足駄（高下駄）、木履（木製の履物）、莫蓙の切れ、味噌漉、いかき（竹で編んだ笊）、竹ずんぎり（竹を輪切りにした食器）、数百年を経たるものども、その形を変じて」つきまとうので、一つ残らず打ち砕いた。（以下略）

この話では、鯰、馬、蛙という動物の化物と朽木という植物の化物に加えて、擂粉木など器物（道具）の化物、いわゆる「つくも神」の存在が示されている。いずれも、長い年月のあいだに霊力を得たモノたちである。なかでも器物の化物は、室町時代から江戸時代にかけて描かれた「百鬼夜行絵巻」などと総称される絵巻物に主役として登場した。つくも神は「九十九神」と表記されることもあるように、どのような道具でも九九年以上経つと個々の道具の内部に「霊的存在（霊魂）」が生まれ、怪異を生じさせたり、人を襲うこともあるとされた妖怪である。

先ほどの大蜘蛛も、「長いあいだ生きていると化けるようになる」と認識されていた。こうした化物は数多く見出すことができる。たとえば、「猫又」は長年生きたために尻尾の先が二つに割れ、妖しい力を発揮できるようになったとされる妖怪であり、『今昔物語集』巻二七の二三「猟師の母鬼と成りて子を噉らはむとする語」では、年老いた母が

「鬼」となってしまい、自分の子どもを食べようとしたので退治されたという話である。つまり、かつての日本人は、平均的な寿命や使用期限をはるかに超えたとき、生物・無生物を問わず、すべてのモノが「化物」となると考えていたのである。

さらに、化物はただ一つのものだけではなく、複数のものに化ける能力も持っていた。一七三三年（享保一七）刊の『太平百物語』巻三の二五に「悪次郎天狗の栖に至る事」という話がある。

変幻自在の化物

化物の存在を信じない悪次郎という者を懲らしめるため、化物の首領が配下の化物にさまざまなものに化けるよう命ずる。そして、

末座にひかへしけんぞく（眷属）ども、五人十人立ち出でて、化ける事こそ目ざましけれ。或ひは其尺一丈斗の婆となれば、忽ち五六才の童子となり、六尺有余の古入道とぞ見へし、いとやさしき女となる。あるは若衆と見れば大髭の奴となり、盲人かとおもへば、衣冠正しき相人也。其自由転変心言葉にも及ばれず。（以下略）

その後まもなく、化物たちの親分は天狗の首領であったことが判明する。『遠野物語』拾遺』では、死んだ夫に化けたのが狐であり、『曽呂利物語』では、老婆に化けたのが大蜘蛛であった。それらと同じように、さまざまな姿に変身したのは天狗の眷属であったわけである。

鬼への変身

では、化物の仲間である幽霊はどうであろうか。死者の霊である幽霊が、何か別のものに化ける化物とは捉え難いようにも思える。しかし、幽霊の出現の仕方にある一定のパターンがあったことがわかると、幽霊と化物の関係についての疑問はたちどころに氷解する。プロローグで示した『曽呂利物語』巻一の六「人をうしなひて身に報ふ事」では、幽霊は怒り狂った末に「鬼」に変身していた。こうした例は、ほかにも見ることができる。

『諸国百物語』（一六六七年）巻三の五「安部宗兵衛が妻の怨霊の事」という話を見てみよう。

豊前の国（現・大分県）の速水の郡に安部宗兵衛という者がおり、日頃、妻を邪険に扱い食事を食べさせないほどであった。女房はこれを悔しく思い病気になったが、薬も飲ませてもらえず、一九歳の春、臨終の際、恨みごとを並べ立て、やがて思い知らせてやろうといって亡くなった。死骸は山に捨てられ供養もされなかった。女房の死後七日目の夜半、「かの女房腰より下は血潮に染まり、たけなる髪をさばき、顔は緑青のごとく、鉄漿黒くつけ、鈴のごとくなる眼を見ひらき、口は鰐のごとく」という姿形で現われ、宗兵衛の顔を氷のような冷たい手でなでると、宗兵衛は身がすくんでしまった。女房は「からから」とうち笑い、宗兵衛に添い寝している女を七つ八つに引き裂き、舌を抜いて懐(ふところ)に入れ、「また明日の夜に来て、長年の恨みを話そう」といって消え失せた。

宗兵衛は位の高い僧を招き悪霊退散に効験(こうげん)がある大般若経(だいはんにゃきょう)を詠ませ、次の夜は弓矢や鉄砲を用意して待ち構えていると、夜半の頃、前妻がいつのまにか来ていた。宗兵衛の後ろに来てつくづく眺めると、宗兵衛は何か背中が寒く感じ、ふり返ってみると、女房は「何とも用心深いこと」といって、宗兵衛の顔を撫でるように見えたが、「にわかに凄まじき姿となり、宗兵衛を二つに引き裂き、あたりにいたる下女どもを蹴殺し、天井を蹴破り虚空に上がりけると也」。（引用者が原文の一部を漢字・現代かなづかいに直した）

この話の挿絵（図14）は『曽呂利物語』「人をうしなひて身に報ふ事」（巻一の六）の話に添えられた絵とくらべると、はっきりとは「鬼」の姿に描かれていない。しかし、本文の記述にある姿形や、後妻もしくは愛人と思われる女と宗兵衛を引き裂き、下女を蹴り殺すという尋常ではない大力から、やはり「鬼」として出現したと捉えられるだろう。先の『曽呂利物語』の話では、とても人間業(わざ)とは思えないような怪力で、屋根の上から大磐石(だいばんじゃく)（大きな岩）を投げ落として、本妻の子どもを木端微塵(こっぱみじん)に砕いて殺害している。

これらの話は、いずれも男をめぐる女の強烈な嫉妬心がモチーフになっており、「二人妻譚」や「妬婦譚」として分類される説話である。近世ではこのパターンの世間話が実に多く語られるとともに、説話集や文芸作品に記され、芸能でも演じられた。それほど近世の人びとにとって身近な話題であったということである。この問題については、次章で検討することにしたい。

図14　鬼の姿となって女を引き裂く幽霊（『諸国百物語』巻3より）

腰より下は血潮に染まり……

この「安部宗兵衛が妻の怨霊の事」の話で留意しておきたいことがある。それは、「腰より下は血潮に染まり」という箇所で、挿絵でも明確に出血があったことが表わされている。これまで、これは、出産時に死亡した女性がなるとされるウブメの姿を示す表現として捉えられてきた。すなわち、下半身の血潮は分娩時の出血を示す「記号」ということである。しかし、この前妻は出産により死亡したのではないにもかかわらず、そうした記号が書き加えられているのである。

そうすると、下半身の出血の記述、絵が、ウブメを示す記号としてだけではなく、たとえば、出産可能な年齢の女性の怨霊を示す記号、または、夫の子どもを産み一家安泰で暮らすはずであったのに、夫を別の女に寝取られたことへの怨念など、幅広く若い女性の怨霊を示す記号であったと考えることもできるように思えるが、どうであろうか。幽霊の図像学の検討課題として書き添えておくことにしたい。

蛇への変身

さて、死者が変身するのは「鬼」だけではなかった。次に紹介する事例は、『諸国百物語』巻一の一三「越前の国永平寺の新発意が事」という話である。新発意とは、出家して間もない僧侶のことである。

新発意は永平寺の美僧である。彼が京都見物に行った帰り、宿である女性に見初められ、一夜をともにする。明るくなってよく見ると六〇すぎの老いた巫女であった。

図15　大蛇となって現われた幽霊
（『諸国百物語』巻1より）

新発意に惚れ込み、翌日も後をついてくる。このまま連れ帰れば師匠の怒りを買うと考えた彼は、老巫女を舟から川に突き落とした。寺に戻り昼寝をしていると、老巫女が「そのたけ十丈（約三〇メートル）ばかりなる大じや」となって、彼を飲み込もうとしていた。（以下略）

この話からわかるように、死者は「大蛇」に変身することもあったのである。ところが挿絵（図15）をよく見ると、蛇の頭部に角が生えており、蛇というよりは想像上の化物である「竜」と見たほうが妥当のように思える。「蛇」は鬼以上に重要な問題をはらんでいるので、この点について、しっかりと記憶にとどめておいて欲しい。

以上あげた事例に描き出されていたように、死者の霊が「鬼」または「蛇」の姿に変身するのは、江戸時代のある時期までの怪談のお決まりのパターンだったのである。こうして、不可視であるはずの死者の霊が可視化された幽霊に変身するだけではなく、「鬼」や「蛇」（大蛇）にも変身する能力を持つ化物であったと捉えることができるのである。

化物の正体

ところで、狐が幽霊に、天狗がさまざまな姿に、死者が鬼や蛇に化けると語られていたということは、逆にいうと、化物には必ずその正体があるということである。しかし、果たして、そのように簡単に結論づけてよいのだろうか。たとえば、先ほど示した大蜘蛛の話ときわめて類似した話が、『諸国百物語』巻一の一六「栗田源八ばけ物を切る事」として記されている（図16）。

備後の国鞆（とも）（現・広島県福山市）に栗田源八郎（ママ）という者がいた。あるとき、屋敷の後ろの草深い野原に行って遊んでいると、大きな栗の木の又に、鉄漿を黒々とつけ白髪を四方に乱した年の頃六〇ばかりの女がおり、源八を見てニコニコと笑う。源八は驚いて家に戻り、何事もなかったかのようにしていたが、その夜、月が煌々（こうこう）と輝き興（きょう）を感じたので、源八は縁側に出で月を眺めていると、何となく気持ち悪くなった

図16　明かされない化物の正体
（『諸国百物語』巻１より）

ため部屋に入った。起きるでもなく寝るでもなく、まどろんでいると、昼間見た女の姿が月の光で障子（しょうじ）に映り、恐ろしいことは表現もできないほどである。源八は驚いて刀を抜き、女が部屋に入って来れば一太刀にしようと待ちかまえていると、その女は障子を開けて部屋に入ろうとするので、源八は横切に斬った。化物は斬られて少し弱ったように見えたが、源八も気を失ってしまった。斬りつけるときの「あっ」という声に驚き、人びとが来てみると、源八が気絶しているので、気つけ薬を飲ませたところようやく正気に戻り、何事があったのかを語った。

一読してただちに気がつくように、『曽呂利物語』の大蜘蛛の話とまったく同じ内容の話であるが、この話では唐突に終わりを迎え、ついに化物の正体が明かされることがないという大きな差異が示されているのである。

また、『曽呂利物語』巻四の一〇「怖ろしくあひなき事」にも正体不明の化物が出現する。

陸奥の国の小野寺というところに化物が住むとされる山寺があり、ある男が故郷への土産話になるだろうと思い、夜半その山寺で化物の出現を待った。寅の刻（午前四時）の頃、森の方より稲妻のように光る物がチラチラと見えた。男は刀を抜いて待ち構えていると、「五丈余りなる男の、色青く如何にも痩せ衰へたるが、妻戸に取り付き大息つき、少時内なる男を守り居たり」。その後、変化の物ならば到底刀で斬れるものではないと思い、化物に抱きついたが、化物に胸をけられ、翌日、人に助けられるまで、そのまま失神してしまった。

これらのほかにも、近世の小説や随筆には、正体不明の化物が数多く書き留められている。こうした化物の描かれ方を考慮に入れるならば、江戸期の化物とは、もともとの正体があってさまざまなものに変身するという存在ではなく、むしろ、正体不明ということこそが化物の本質とされていたと考えることができないだろうか。というのも、化物はあくまでも、人びとの想像力が紡ぎ出したものにすぎないからである。

正体不明のモノにより、人びとの常識では了解不可能な怪異（コト）が生ずる。そこで、人びとは了解可能な事件とするために、知識を総動員して考えをめぐらせ、正体不明なモノに明確な形（正体）を与え、その怪事件に最もふさわしい解釈を行なう。たとえば、人の亡霊が刀で斬られて後、近くで狐の死体が見つかった場合、この狐こそが亡霊の正体だったのだと考えるのも、人びとがそれを怪事件の真相だと認定したからである。すなわち、事件の内容にあわせ、事件がユーモラスでどこか間抜けたものであれば、技量や知恵の劣った狐や狸が選び出され、陰惨な事件であれば死者の亡霊が正体として選び出されるというわけである。だからこそ、化物譚は人びとに恐怖を与えると同時に、笑いをもたらす娯楽ともなったのである。

その逆に、正体が最後まで明らかにされない化物は人びとの最終的な了解を拒絶し、怪異を怪異のまま宙吊りにする。そうすると、最後まで正体が明かされないモノこそ、怪異を引き起こす化物の原点であり、それこそ化物のなかの化物、化物の領袖（りょうしゅう）ということができるであろう。

化けられない化物

　アダム・カバットが江戸時代後期に人気を博した「黄表紙」の研究で明らかにしたように、化物には、狐、狸、猫又、カワウソ、河童、五位鷺（ごいさぎ）といった「化ける化物」と、見越し入道、三つ目入道、ろくろ首、雪女、ももんじいといった「化けない化物」がある。カバットの述べるとおり、「化ける化物」は動物系であるのに対し、「化けない化物」は人間系であり、人間の姿形から離れているだけで、すでに化物になっているといえる。

　しかし、私の考えでは、化物である限り、何かに化けることができなければならない。化ける能力を保有していないならば、それはもはや化物の名に値しないからである。たとえば、先に示した『太平百物語』に描かれていたように、天狗は古入道にも化けることができた。ところが、いつの頃よりか、天狗などが化けた形としての入道系の化物以外に、見越し入道や三つ目入道という、化けることができない入道系の化物が造形されたのである。すなわち、近世において幽霊と妖怪の上位概念であった「化物」は、姿形が固定化された化物を含み込んだものだったわけである。したがって、江戸時代のある時期に、さまざまな化物の形態と能力が「固定化」、つまり「キャラクター化」されたことこそ、今後議論を重ねなければならない問題であると考えられるのである。

　さて、江戸時代のある時期に、幽霊もまた、鬼や蛇に化けることができる化物から、それらに化けられない化物へと変化したのである。足早にその分析に進む前に、幽霊と鬼および蛇の関係について検討を加えておくことにしよう。その作業から、私たちが何も考えず当たり前のように口にする「幽霊」という言葉の意味内容が、まったく別のものであったことが理解でき、それに加えて、「幽霊」の変容の様子をより明確に把握できるようになるだろう。

考察にあたっての最初の手がかりは、一七七五年（安永四）に刊行された鳥山石燕の『画図百鬼夜行』にある。

『画図百鬼夜行』と死者の霊の分類

『画図百鬼夜行』の「陽」に、人の霊にかかわる化物として、「生霊」「死霊」「幽霊」の三つが区別して描かれている（図17・18・19）。

ここでの「死霊」は、先に私が「口寄せ」「口走り」の事例をもとに分類した死者の不可視の霊魂の意味ではなく、あくまで鳥山石燕による分類であるということに注意していただきたい。

生者の霊である「生霊」はともかくとして、同じ死者の霊であるはずの「死霊」と「幽霊」が描き分けられているのは、どういうことであろうか。「死霊」と「幽霊」の絵を比較してみると、「死霊」は口が耳元まで裂けており、邪悪な目つきが「鬼」のような様相を呈している。それに対し、「幽霊」は、墓地の卒塔婆のあいだに姿を現わし、額烏帽子に白装束という棺桶に納められた死者の姿をしており、その目つきはどこか寂しく、優しげでもある。あえて分類するならば、「死霊」は復讐のために現われた「悪霊」であり、「幽霊」は愛する人に会いに来た「善霊」であるといえるかもしれない。

江戸時代の人びとは、石燕のように「幽霊」と「死霊」を区別していたのであろうか。区別していたとすれば、どのような分類枠があったのだろうか。そこで、石燕が描き分けた「幽霊」と「死霊」の差異に留意しつつ、ごく大雑把（おおざっぱ）な作業ではあるが、語彙（ごい）と出現の姿形などについてテキストから読み解いていくことにしよう。

ここで取り上げるテキストは、これまでにいくつか事例を参照した一六七七年（延宝五）刊行の『諸国百物語』である。日本文学者の太刀川清の解題によると、作者は不詳であるが、内容は『曽呂利物語』の二一話を最大に、『沙石集（しゃせきしゅう）』『奇異雑談集（きいぞうたんしゅう）』『因果物語（いんがものがたり）』『宿直草（とのいぐさ）』など既成の作品に拠るものが多く、いわば近世初期の怪談集の総集編ともいうべきテキストである。

その理由に加えて、『牡丹灯記（ぼたんとうき）』の翻案で「もろこし」を舞台とする話と、「生霊」と判断できる話、それぞれ一話ずつ含まれているものの、一〇〇話中三四話が人の霊が引き起こす怪談であり、近世初期の人びとの死者の霊に関する怪異とその分類を考えるにあたり、まことに適切なテキストであるといえよう。

図17　生霊（鳥山石燕『画図百鬼夜行』陽より）

図18　死霊（鳥山石燕『画図百鬼夜行』陽より）

図19　幽霊（鳥山石燕『画図百鬼夜行』陽より）

「悪霊」を示す語彙

では、まず語彙に注目してみよう。復讐や、生前に残した金への執着心などから出現する「悪霊系」の話は二五話ある。話のタイトルと本文から「悪霊」を示す語彙を拾い出してみると、「ばけ物」「鬼神」「鬼」「物のけ」「亡魂」「大蛇」「蛇」「死霊」「亡者」「怨霊」「まよひの物」「幽霊」が一から三例と、ほぼ同数ずつ用いられていることがわかる。

復讐のために現われる悪霊の話はいくつか紹介したので、タイトルにも本文中にも悪霊を示す語彙が用いられていないのが残念であるが、僧侶であるにもかかわらず、金銭への執着心という、あきれ果てるような理由で現われた悪霊の話を引いておこう。『諸国百物語』巻三の一四「豊後の国西迎寺（さいこうじ）の長老金にしう（執）心のこす事」である。

豊後の国西迎寺の長老の僧は七〇歳の頃病気となり、臨終近くになって「私が往生したら七日間はそのままにして、それを過ぎたら火葬にしなさい」と遺言をして亡くなった。弟子たちは遺言のとおり死体を沐浴（もくよく）し、棺桶に収め置いて三日目の夜半頃、棺桶の内側がガサガサと鳴り、黒い頭巾をかぶった長老が棺桶の蓋を持ち上げ、なかから這（は）い出て、座敷に歩いて行った。弟子たちは不思議な気持ちで様子をうかがい見ていると、長老は寺の縁先へ出て、庭の戌亥（いぬい）の方角（北西）の隅を指さした。弟子たちは恐ろしくなり台所へ逃げ込み、そのあいだに長老は再び棺桶に入ってしまった。翌日の夜も、長老が同じことをしたので、弟子たちが相談して庭の隅を掘り返してみると、実に美しい壺が出てきた。そのなかには金子（きんす）一〇〇〇両が入っており、さてはこの金が心残りであったのかと、人びとは長老を悪しざまに罵（ののし）った。

ところで、悪霊系の話のなかで「幽霊」という語を用いた話は二例あるが、その一つは、「端井弥三郎幽霊を舟渡しせし事」（巻四の一）との題名どおり、自分を惨殺した者を取り殺すためにやってきたものの、川を渡れず困っていた女の霊を手助けした男の立場から使われた言葉であり、もちろんその男には何の祟りもない。その反対に、女の霊に取り殺さ

図20　舟で川を渡らせてもらう幽霊（『諸国百物語』巻4より）

図21　後妻に相撲を挑む前妻の幽霊（『諸国百物語』巻5より）

れた側からすれば怨念を抱いた霊であり、鬼に変身した姿で「怨霊」や「死霊」などと呼ばれたと考えられる（図20）。

もう一つの事例は、巻五の一四「栗田左衛門介が女ばう死して相撲を取りに来たる事」で、後妻への嫉妬心から出現するが、姿は「歳の頃一八九ばかりなる女郎、肌には白き小(こ)袖(そで)、上には総鹿子(そうかのこ)の小袖を着て」と美しく着飾った生前の姿であり、立ち去れという後妻に相撲で決着をつけようとする。その後五回も相撲を挑まれ、それを気に病んだ後妻が病死するが、陰惨な怨霊譚とはいささか異なり、どこかユーモラスな展開の話ともいえよう（図21）。

「善霊」を示す語彙

悪霊系とは逆に、人恋しさや命日にこの世に戻るため、男への強い愛情、殉教したキリシタンの骨を拾うため、成仏を願うためなどの理由で出現する「善霊系」は七話あり、「幽霊」「亡霊」「亡魂」の語が用いられているが、やや「幽霊」が多いといえる。キリシタンの幽霊の話はまことに珍しいものなので原文を引用してみよう。巻二の一六「吉利支丹宗門(きりしたんしゅうもん)の者の幽霊の事」という話である（図22）。

> 伊勢の津に吉利支丹の宗門ありて、江戸より申し来たり。此者どもを逆さまに吊り、成敗して、その後乙部(おとべ)と云ふ所にて灰になしけるに、二三日過ぎて暮れがたに侍二三人連れにて、古川と云ふ所を通りければ、麗しき女かづきを着て、下女に袋を持たせ

通りけるを、侍ども是れを見て、かやうの女は、伊勢にてはつゐに見慣れず、いづかたより来たりたるやらんと不思議に思ひ、そろ〳〵後をしたいてみれば、この女、乙部の方へ行きて、かの吉利支丹を焼きたる穴のほとりへ行きて、ひたと骨を拾ひゐたるが、又連れの女房いづくともなく二三人いでゝ、同じごとくに骨を拾いけるが、しばらく有りて皆消え失せけると也。（読みやすくするために、引用者が漢字に書き直した箇所がある）

図22　キリシタンの幽霊
（『諸国百物語』巻２より）

そのほか、飲み水を求めるため（巻一の一七）、また、生前好きであった双六をするため出現した（巻五の一八）という、霊の善悪の判断が不可能な話は二話あり、前者に「幽霊」の語が使われている。

姿形のパターン

続いて、出現する際の姿形を見てみよう。「悪霊系」は、無残にも殺害されたことなどへの復讐の場合は、「安部宗兵衛が妻の怨霊の事」のように、「かの女房腰より下は血潮に染まり、たけなる髪をさばき、顔は緑青のごとく、鉄漿黒くつけ、鈴のごとくなる眼を見開き、口は鰐のごとくにて」と「鬼」の姿で現われる。また、「鬼」には変身せず、生前の姿のままではあるものの、恨みに思う者のからだを引きちぎったり、噛みちぎったりした「後の妻（後妻）の首をひつさげ」たり、「かの男を二つ三つに引き裂き」、あるいは、恨みの相手を殺害した後、「天井を蹴破り虚空に上がりける」と、まさに「鬼」の行為や出没の様子として描かれている。

異性への異常なまでの執着心は、先にあげた事例にあったように、「そのたけ十丈ばかりなる大蛇」と、「蛇」の形をとって思いを遂げることが一般的である。

それに対して「善霊系」は、「年の頃二八ばかりなる若衆の、そのさまいと気高く、（在原）業平のいにしへもかくこそと思いやらるゝ」、「麗しき女かづきをきて」と生前そのままの姿や、「白き帷子を着たる女、すご〳〵とたゝずみゐたり」と、納棺の際の死装束をまとった姿で目撃される。

以上のことをまとめてみると、近世初期においては、怨念や執念を抱いた「悪霊」は「鬼」や「蛇」の姿に表象され、「怨霊」「死霊」「まよひの物」「物のけ」などと呼ばれていた。それに対して「善霊」は生前の顔形、姿で現われ、「幽霊」と呼ばれていたことが浮かび上がってくるであろう。これは、鳥山石燕の描いた差異そのものであり、石燕は人びとが持つ死者の霊の認識分類に忠実にしたがって絵を描いたわけだったのである。

幽霊の記憶

こうしたように、近世の初期において「幽霊」という言葉は、死者の霊が持つ二面性のうち「善」の側面と、善悪の区別ができないニュートラルな場合に用いられていたことが理解できたはずである。私たちが何も考えずに口にする「幽霊」という言葉や、それが指し示す事象の地下深くに、想像もできないような記憶（歴史）が秘められていたのである。

怨念表象の系譜

幽霊と鬼・蛇

死者は「鬼」や「大蛇」に変身して恨みを晴らしていた。しかし、なぜそのような姿形をとることを選択したのだろうか。そこで、この節では、死者の霊と「鬼」および「蛇」両者の関係について、より深く考えてみることにしたい。

妖怪の人文学的研究の始祖とされる江馬務（えまつとむ）は、『北野天神縁起絵巻』のなかの、菅原道真が延暦寺の座主（ざす）法性坊尊意（ほっしょうぼうそんい）のもとを訪れた場面を描いた絵

図23　雷神になって怒り狂う菅原道真
（『北野天神縁起絵巻』巻5より）

が、日本における最古の幽霊画であると指摘した。道真は衣冠束帯という生前の姿であり、とうてい幽霊とは思われない。

道真は藤原時平の讒言により九州の大宰府に配流され、二年後の九〇三年（延喜三）、都に戻ることなく病没する。そして、道真の死後九〇年ものあいだ、関係者の変死や若死にに加え、都での豪雨、洪水、猛烈な落雷といった天変地異が相次いだ。当時の貴族たちは、道真がこうした災厄をもたらしたと考え、道真の怒りを鎮めるために大内裏の北野に建立したのが北野天満宮である。『北野天神縁起絵巻』や『大鏡』などに、道真が鬼のような「雷神」、もしくは「竜蛇」の姿形で怒り狂う様子が描き出されている（図23）。つまり、道真は死後、敬愛する座主の前には生前の姿で現われたが、怒りの様を表現するときには鬼や竜蛇の姿をとったということである。
また、『今昔物語集』巻二七の一一「或る所の膳部善雄の伴の大納言の霊を見る語」も、幽霊と鬼の関係が明確に示された話である。

国中に疫病が蔓延していた頃、ある料理人の男が、衣冠束帯の正装に身を包んだ高貴な男と出会う。彼はかつて応天門放火事件に連座し伊豆に配流され、その地で没した大納言伴善雄であり、この疫病は国中すべての者が死ぬようになっていたものを、朝廷に仕えていたとき、非常に国の恩を受けたので、感冒程度にとどめるよう取り計らったのだという。

すなわち、伴善雄は死後、恨みのあまり疫病（流行病）をつかさどる疫病神となったのである。疫病神が「鬼」の姿をしていると想像されていたことは、『春日権現験記』や『融通念仏縁起』の絵を思い出せばよいだろう。しかしながら、道で行きあっただけの男のように、まったく恨みに思わない者の前では生前の姿で現われたのである。ということは、伊豆への配流を決定した者たちの前では恐ろしい「鬼」や「竜蛇」に変身して、恨みごとを述べたはずだと想像できるだろう。このように、「鬼」もしくは「蛇」として死者の怨念を表象したことは、遅くとも書物に幽霊が登場した平安時代の頃から始まっており、それが江戸時代になっても引き継がれていたのである。

ただ、菅原道真の例は、恨みを抱いて死んだ道真の霊が国家や広い地域の災害の原因であると判断され、彼の怨念を鎮めるために「天満大自在天神（てんまだいじざいてんじん）」として祀り上げた、すなわち「怨霊」を「御霊」へと転換させた「御霊信仰（ごりょうしんこう）」の典型的な事例であり、個人間というミクロなレベルでの怨念を表わす幽霊信仰とは別に分類しなければならない信仰のあり方である。伴善雄も同じように、国家規模の災厄をもたらす怨霊である。

そこで、個人的な怨念を表象する際に、なぜ「鬼」もしくは「蛇」が選ばれていたのかが問題となるだろう。つまりは、激しい恨みと怒りを抱えた「心」という内面が、鬼や蛇という恐ろしい外面を持つ妖怪に変身したことではともに同じであるが、遠い親戚関係にある御霊信仰ではなく、私たちは近世に増殖した幽霊の祖父母、そして両親という直接の先祖を探さなければならないのである。

私が近世の幽霊の祖父母的な存在として、すなわち、御霊信仰とはまったく異なった、あくまで個人レベルの怨念と「鬼」との関係を明確に描き出した説話としてすぐに思い浮かべるのは、『平家物語』の異本（いほん）とされる『屋代本（やしろぼん）平家物語』や『源平盛衰記（げんぺいじょうすいき）』の「剣の巻」に記された「宇治の橋姫（はしひめ）」である。

宇治の橋姫

ある公卿の娘があまりの嫉妬深さから、貴船の社に七日間籠り、「妬ましく思っている女を取り殺すため、私を生きながら鬼神にして欲しい」と祈りを捧げたところ、

図24　橋姫（鳥山石燕『今昔画図続百鬼』雨より）

「鬼になりたければ、姿をあらためて宇治の川瀬に行き、二一日間浸れ」との示現（しげん）があった。女は喜び、長い髪を五つに分けて角の形のようにし、顔には朱（しゅ）をさし、体に丹（に）を塗り、頭に鉄輪（かなわ）（五徳（ごとく））を載せ、その鉄輪の三本の脚に松を燃やし、松明を口にくわえて両端に火をつけ、夜更（よふ）けに大和大路に走り出て、示現のとおり二一日間宇治川に浸かると生きながら鬼となり、妬ましく思う人びとを次々に取り殺した。（以下略）

心の内に抑えきれないほどの嫉妬心が沸き起こり、妬みを晴らすためにみずから鬼になることを選び、それを実行したというわけである。

さて、ここで注意を要することがある。それは、この物語が書かれた年代である。当然のことながら『屋代本平家物語』『源平盛衰記』は、その名のとおり、平安時代における平家と源氏の盛衰を描いた物語であるが、物語は鎌倉時代後期から末期頃のあいだに書かれたと推定されるのである。「橋姫」の内容の検討を行なう前に、このことを念頭に置いて、もう一つ重要なエピソードを見ておくことにしよう。

鬼になった女

創作系の説話である「宇治の橋姫」とは異なり、同じ鎌倉時代末期の民俗系の世間話でも、女が生きながら鬼になったという話が語られていた。

吉田兼好の『徒然草』第五〇段である。

応長の比（一三一一～一二年）、伊勢国より、女の鬼に成りたるをゐてのぼりたりといふ事ありて、その比廿日ばかり、日ごとに、京・白川の人、鬼見にとて出て惑ふ。「昨日は西園寺にまゐりたりし」、「今日は院へ参るべし」、「ただ今は、そこそこに」など言ひあへり。まさしく見たりといふ人もなく、そらごとと言ふ人もなし。上下ただ、鬼の事のみいひやまず。

その比、東山より安居院辺に罷り侍りしに、四条よりかみさまの人、皆、北をさして走る。「一条室町に鬼あり」とののしりあへり。今出川の辺より見やれば、院の御桟敷のあたり、更に通りうべうもあらず立ちこみたり。はやく跡なき事にはあらざめりとて、人を遣りて見するに、おほかた逢へる者なし。暮るるまでかくたち騒ぎて、はては闘諍おこりて、あさましきことどもありけり。

その比、おしなべて、二三日人のわづらふ事侍りしをぞ、「かの鬼のそらごとは、このしるしを示すなりけり」と言ふ人も侍りし。

伊勢の国から、鬼となってしまった女が上洛することがあった。それで、二〇日ばかりのあいだ、人びとは鬼女を一目見ようと都中を走りまわったが、一向に見たという者が出てこない。あげくの果てに喧嘩まで起こるという大騒ぎになってしまった。また同じ頃、人びとのあいだに疫病がはやることがあったが、鬼の噂話は、この疫病の前兆であったと語る者もいた、という話である。

兼好法師は女が鬼になった理由を書き留めず、ただ淡々と鬼の虚言に惑わされる人びとの姿を記述しているだけである。それは、兼好法師を含めた当時の人びとが、極度の嫉妬心や復讐心によって、人間が鬼と化してしまうことがあるという共通の知識を持っていたからではないだろうか。当たり前の共通了解事項だったからこそ、あえて理由を書く必要を認めなかったと推測できるのである。

化物や妖怪研究において、創作系と民俗系を明確に分離することは不可能であると言い得るだろう。相互が深く関連しあいながら、新しい作品や世間話を生み出すからである。したがって、橋姫の説話による知識が先にあって、女が生きながら鬼となったという世間話が語られたと見ることもでき、その逆に、共通の知識がいつのまにか人びとのあいだに定着、浸透したことで、橋姫説話が創作されたと見ることもできるわけである。ここでは成立の前後の詮索(せんさく)ではなく、ただ、鎌倉時代の人びとは、人間が鬼になってしまうこともあるという観念を持っていたことを確認しておきたい。

生霊・死霊から鬼へ

では、鎌倉時代に先立つ平安時代において、国家規模の災害をもたらす怨霊ではなく、「個人的」なレベルの怒りや嫉妬心はどのように表現されていたのだろうか。このことについては、『源氏物語』の、光源氏をめぐって生じた六条御息所の嫉妬心が「生霊」となって葵の上に取り憑いて苦しめ、さらに、葵の上の死後、光源氏の正妻となった紫の上に、今度は六条御息所の「死霊」が取り憑き、命を奪う寸前にまでいたるという話を思い出していただきたい。つまり、平安時代は、先に記した「口寄せ」「口走り」によって表わされる「生霊」と「死霊」の全盛期であり、鬼のような形相の幽霊、もしくは鬼や蛇そのものに変身して嫉妬心や恨みを表現してはいなかったのである。

平安期は、朝廷が事細かに「官位」を定めて、巨大な規模を誇る都と国全体を統治しようとした時代である。これを現代風に言い換えるならば、高度な「官僚制」のシステムを構築した時代であった。そこでは現代とまったく変わらない権力争い、出世競争が繰り広げられ、対人関係によるストレスや葛藤、他人を蹴落としたことへの罪悪感、恨みへの恐れはことのほか凄まじいものであった。また、貴族の世界では、男女間の愛憎問題は凄まじい恨み辛みを生み出す下地となった。そうした貴族たちの心身の病いの原因を、当時隆盛を誇った密教僧や陰陽師が霊媒を巧みに駆使するなどして、恨みを持つ者の「生霊」や「死霊」の祟りによるものだと診断を下し、治療儀礼を執り行なったのである。

したがって、もし、「橋姫」説話が平安時代に書かれたとしたら、橋姫の「生霊」が恨む相手に取り憑いて苦しめ、死にいたらせたというストーリーになったはずである。もっと正確に言い直すならば、重い病いに苦しむ女性が密教僧や陰陽師に依頼して占いや「口寄せ」を行なわせると、原因は橋姫の「生霊」だと判明する筋立てになったということである。

鎌倉時代においても、陰陽師や密教僧は活躍を続けていた。しかし、「橋姫」は生きながら「鬼」になることによって個人的な嫉妬心を表現しなければならなかったのだ。その理由は、後世に創作された「般若」の面が教えてくれることになる。

御霊信仰ではなく、橋姫説話や『徒然草』のエピソードなどから、中世において私的な人間関係のもつれから鬼に変身するのは、多くの場合女性であったと考えられる。そうすると、鬼と女性の関係について特別な注意を払うことが必要になるだろう。

般若と近世の幽霊

先ほど、平安時代の怨念を表わすものとして六条御息所の生霊と死霊を取り上げたが、能楽の『葵上』では、シテが演じる六条御息所の生霊が「般若」の面をかぶり、燃え上がる嫉妬心に狂った「鬼女」に変身するという演出が施される。能楽は視覚の芸術であるため、嫉妬心や復讐心に燃える生霊や死霊をそのまま表現できないのはもちろんのことであり、可視化する工夫が必要となる。そこで、生み出されたのが「般若」の面というわけである（図25）。

しかし、女性の心という内面が、般若という「鬼」の面に託されたことには、もっと深い理由があるように思える。詩人の馬場あき子は『鬼の研究』のなかで、次のように述べている。

……日本の鬼が土俗的束縛を脱し、その哲学を付与されたのは、中世において鬼女〈般若〉が創造されたことをもってはじめとしてよい、と考える。〈般若〉とはもちろん能の鬼女で、それは中世の鬼のなかでもっとも鬼らしい鬼で

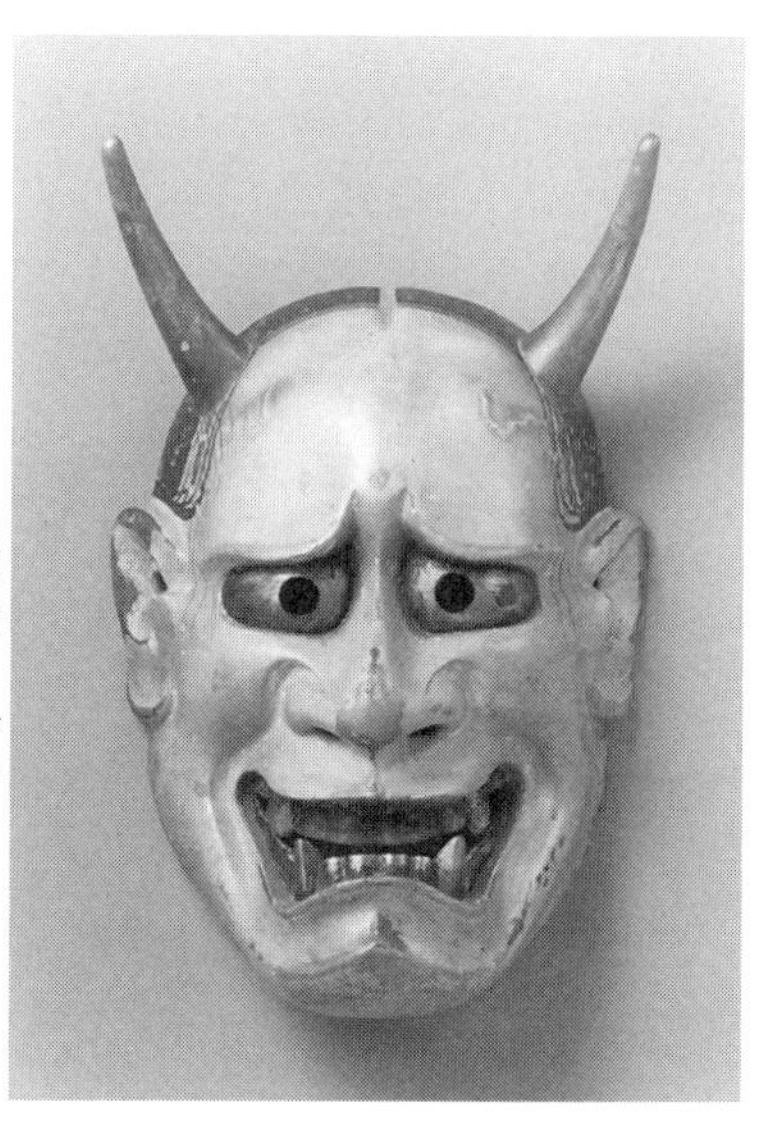
図25　般若の面（三井記念美術館所蔵）

ある。なぜなら、三従の美徳に生きるはずの中世の女が、鬼となるということのなかに、もっとも弱く、もっとも複雑に屈折せざるを得なかった時代の心や、苦悶の表情をよみとることができるからである。〈般若〉の面は、そうした鬱屈した内面が破滅にむかう相を形象化して、決定的な成功をおさめたものといえる。

「三従の美徳」とは、未婚の若いときは父にしたがい、嫁げば夫にしたがい、夫の死後は子どもにしたがうという女性の生き方を示したものであり、こうした女性を厳しく拘束する考え方から浮かび上がってくるのは、男性優位の社会である。つまり、「般若」の面を生み出した能楽が最盛期を迎えた中世の後期には、まだ貴族と武士の上流階層に限られてはいたが、男性が女性を支配する「家」が成立していたということなのである。この「家」というシステムは、後述するように、近世の初期に幅広い階層に浸透し、定着することになる。

もっとも、明治民法の規定により、長男のみが優先的に財産を相続する長子単独相続が一般化する以前は、末子（ばっし）相続や、初めて生まれた子どもが女性である場合、その女子に相続の権利を与える姉家督（あねかとく）相続を行なう地域があり、さらには、婿養子もごく普通に迎えられ、必ずしも完全に男性優位であったわけではない。

しかし、婚姻の形式が、平安期の「婿入り婚（妻型居住婚）」から、鎌倉時代以降は武士を中心に「嫁入り婚（夫方居住婚）」へと変化していったことを考えると、古代の母系的な要素が強い社会から、中世では父系的な要素が強い社会へと移り変わり、それにともない、女性の地位が相対的に低下したという事実は否定できないことなのである。

夫の愛人に対する嫉妬心、女癖の悪い夫への憤（いきどお）りは時代を超えて共通のものであるだろう。しかしながら、男性の支配下に置かれるようになった女性は、そうした怒りや嫉妬をまず堪えなければならないと、きつく封印することを強制されたため、封印が解けたときの感情の爆発は、従来とは比較にならないほど激しいものであったと想像することができよう。だからこそ、「生霊」や「死霊」という宗教者や霊媒を間接的にはさんだ手ぬるい報復ではなく、女性自身が直接「鬼」に変身しなければならなくなったと捉えられるのである。

ここで、能楽で演じられる男性の幽霊について見てみると、出現の理由としては、合戦や政争に敗れ去ったことの恨みを述べたり、僧侶に回向を求めるためなど、般若に表わされるような内面の怒りや悲しみはまったく見受けられない。女性の恨みを「私的」な人間関係から生ずるとすると、男性の恨みは国家・地域レベルの「公的」なものであり、やはり「御霊」として祭祀されるのがふさわしいといえるだろう。

以上のような検討から、近世期の幽霊、しかも、その多くの割合を占めるとされる女性の幽霊の直接の生みの親は、能楽の般若の面であったと考えられるのではないだろうか。近世の「創作系」幽霊の三大スターは「累」「お岩」「お菊」といずれも女性であり、男性の幽霊は数も少なく、精彩を欠き、存在感が薄いといえるが、それらの理由はここにあったように思えるのである。

うわなり打ち

般若の面に象徴される女性の心の変貌は、多くの説話によっても知ることができる。室町時代に記された『御伽草子』は、都を襲う鬼の退治を描く「酒呑童子」の説話で有名であるが、ここでは「磯崎」という話の前半部を紹介してみよう。

　磯崎という侍が、鎌倉から桐壺という名の新しい妻を連れて家に戻ってきた。本妻は夫の愛情を奪った桐壺に激しく嫉妬し、猿楽師に「ちと威すべき子あり。恐ろしき鬼の面、半切（袴）に頭（扮装に用いる髪）添へて貸し給へ」といって、鬼の面と杖などを借りて新妻のところに乱入し、「鬼よ」と驚き恐れながら逃げる桐壺を追い詰め、杖で打ち殺してしまった。家に帰って、顔にかぶった鬼の面を取ろうとするが、「鎖にて搦み、釘にて打付けたるよりも強く、首は捥げて除くとも離れ難く、又持ちたる杖も離れず、真に本来悪念の鬼となりけるぞや」。（以下略）
古くは、本妻・前妻など第一の妻を「こなみ」と呼ぶのに対し、後妻・新妻など第二、第三の妻を「うわなり」と呼び、「こなみ」の「うわなり」への強い嫉妬心を「うわなり妬み」といった。また、この事例のような、本妻による後妻・新妻への暴力を「うわなり打ち」と呼んだ。池田弥三郎によると、「うわなり打ち」は室町から江戸時代初期にかけて、個人ではなく、こなみが集団を引き連れて行なっていたらしい。

　こなみの方から果たし状をつきつけて、うわなりのもとへなだれこみ、集団暴行をして来る。男は参加せず、又人も傷つけない。刃物は持たず、竹刀などを道具にして、あらゆる乱暴狼藉を働いて来る。つまりこなみの嫉妬の一つの表現が、社会的にこう

図26　うわなり打ち（『多満寸太礼』より）

いう形で容認されていたのだ。

池田はこのように解説するが、いかに社会的に容認された行為であったとしても、ひとたび激しく燃え上がった憎しみや妬みを抑えきることは容易なものではあるまい。むしろ、社会的に認められた妬みや恨みを発散するための儀礼であったがゆえに、それに乗じて「うわなり」に深い傷を負わせたり、場合によっては殺害してしまうこともあったのではないだろうか。そう考えてみると、私にはとても「磯崎」が架空の物語にすぎないとは思えないのである。

女性の魔性と蛇

幽霊ではないが、鴨長明（一一五五年生～一二一六年没）の『発心集』にある、嫉妬心から指が蛇となった女の話や、無住一円（一二二六年生～一三一二年没）が記した『沙石集』の、男性への強い愛執の念により、死後、大蛇と化した娘の話など、古くから鬼とともに女性の魔性を表現したのが「蛇」である。能では、女性の憤怒と嫉妬を表わす面に「生成」「般若（中成）」「本成」がある。生成は、丸みを帯びた短い二本の角が、女性のなかの魔性がまだ十分に熟していない状態を示

図27　蛇の面（三井記念美術館所蔵）

しており、神の力を借りなければ鬼になれない『鉄輪(かなわ)』の主人公がかぶる面である。それに対し、主人公が自力で鬼となれる『葵上』や『道成寺』で用いられる般若の面になると、角が長くなり、大きく裂けた口が、押えきれないほどの激しい感情を示すものとなる。さらに、角が長くなったものを「蛇面(じゃめん)」と呼ぶように、「蛇」への変身の度合いによって、女性の怒りや嫉妬心を示す（図27）。そうすると、「般若」には、鬼だけでなく「蛇」の意味合いも込められていたことになるわけである。

ここで思い出していただきたいのが、前節で示した大蛇の絵である（図15）。蛇であるにもかかわらず長く凶暴な二本の角が描かれていたのは、こうした演出にもとづくものだったと考えられるのである。また、「蛇」のジャは「邪」に通じる音であるともいわれることから、化物としての「蛇」、とりわけ「竜」のような姿の化物は「ヘビ」ではなく、「ジャ」と呼ぶのがふさわしいであろう。

では、現代のように、恨みを晴らすために出現した幽霊が鬼や蛇の姿ではなく、いつ頃から、生前の姿をとるようになったのであろうか。いよいよ、現代につながる幽霊が登場する舞台の幕が上がるのである。

一八世紀における怨念表象の転換

一八世紀の都市伝説

『諸国百物語』刊行から七二年後の一七四九年（寛延二）、紀州藩主徳川宗将（とくがわむねのぶ）の命により、全国の奇談を集めた本が刊行された。「口走り」を説明する際に事例を用いた、神谷養勇軒（かみたにようゆうけん）編纂の『新著聞集（しんちょもんじゅう）』である。解題に「記述に誇張なく、作意を加えない説話集」とあるように、「創作系」怪異説話集の『諸国百物語』とは異なり、各地の世間話や噂話を書き留めた、現代でいうところの「都市伝説」集ともいえる「民俗系」の資料集である。

怪異譚を集めた近世初期の「説話集」から上田秋成などを筆頭とする中期の「小説」への変化については、高田衛（たかだまもる）が詳しく論じている。それとは別に、私は、ノンフィクションとフィクション双方の世界を含み込んだ説話集からフィクション重視の小説への変化は、同時に、『耳囊（みみぶくろ）』や『甲子夜話（かっしやわ）』のように、「実際にあった出来事」を、ほとんど感想をまじえずに淡々と記述するノンフィクションの作品を生み出すことにつながったのではないかと考えている。それはともかく、本の性格は異なったものではあるが、数多くの怪異譚が収められており、近世初期頃と比較して、中期頃の市井（しせい）の人びとの怪異観をうかがい知るには絶好のテキストである。

この『新著聞集』に収められた、数ある死者の霊に関する怪異譚で顕著（けんちょ）な特徴は、若干（じゃっかん）例の「蛇」への変身を除き、恨みを持って出現しても「鬼」に変身することはなく、あくまで生前の姿で現われていることであり、そのほとんどすべてが「幽霊」と呼ばれているということである。まず、「鬼」と「幽霊」の関係を考えるために、主な話をいくつか拾ってみよう。最初は「幽霊袖を引く」（第一〇）と題された話である。

江戸柳原の酒屋で市兵衛という者の妻が天和三年（一六八三）の夏に死去した。その頃の夕暮れ時に、妻の幽霊が現われて、下女（げじょ）の袖を引いた。下女が「ああ、哀しい」と叫び、倒れたので、驚いた人びとが寄り集まってみると、下女は気絶しており、顔に水をかけて名前を呼ぶと、ようやく正気に戻った。しかし、下女の片袖が引きちぎられていたのを不審に思い、翌朝、亡妻の塚に詣でて見ると、その片袖が石塔の上にかかってあったという。

おそらく、下女は市兵衛の愛人であり、嫉妬に狂い死にした前妻が幽霊となって現われたのだと考えられる。かつてなら間違いなく、形相凄まじい鬼の姿となり、下女の首を噛み切ったり、引きちぎったりしたはずである。

ちなみに、多くの類話を持つ「片袖幽霊譚」は、人前に現われた幽霊が、自分が何者であるかを証明するために片袖をちぎって渡すという内容だが、この話では逆に、幽霊が憎む下女の片袖を引きちぎり、それを自分が行なったことの証明としてみずから墓の上にかけている。そうしたことから、この話は「片袖幽霊譚」の珍しい変奏バージョンと捉えることができるだろう。

続いて、同じく、嫉妬のあまり亡妻が幽霊となる「亡妻姿を現ず」（第一二）という話を見てみよう。やはり鬼に変身することはなく、生前の姿で目撃される。

京都の狂言役者古今新左衛門が、妻と三人の子どもを持つ身でありながら、ある遊女と深い馴染みの仲となり、妻子を疎（うと）んじるようになった。妻は悔しく思いながら、ついに死んでしまう。

元禄一六年（一七〇三）八月中旬、新左衛門は大坂へ引っ越そうとして準備をし、先に同職の者が伏見から乗り合いの船に乗って下ったが、新左衛門の妻も同船していた。同職の者は、死んだはずの妻がいるのを大変不思議に思いながらも、何かと話をした。まもなく大坂に着くと思われたとき、その妻がどこかへ消え失せ、ほかの同船していた者たちも驚き、肝を冷やした。同職の者が、とにかくこの事を新左衛門に知らせようと思い、京都へ引き返したところ、妻が船のなかに現われたちょうどその時刻に、新左衛門が酷い高熱を出して、まもなく死んでしまったという。

次は「幽影 屢(しばしば) あらはれ数人 悉(ことごと)く見る」(第一二)である。

武家の久保吉左衛門に仕える小姓(こしょう)がさほどでもない罪をとがめられ殺されてしまった。その後、その小姓の幽霊が現われ、多くの人の目に見え、男女ともに恐れあった。そうこうしているうちに、嫡子(ちゃくし)の求馬(もとめ)が病気になることがあった。例の幽霊は毎夜現われ、夜伽(よとぎ)の者が多くいるなかを通り抜けて行ったので捕まえようとすると、雲や烟(けむり)のように消え失せてしまうため、人びとは肝を冷した。神仏に熱心に祈った験(しるし)であろうか、求馬の病いはようやく良くなったが、幽霊の出ることは止まなかった。

それから三年が過ぎ、公儀の御制札で、自分の了簡(りょうけん)で小姓を殺害した罪により、吉左衛門は越後長岡の牧野駿河殿に御預けの身となり、子息の求馬は奥州棚倉の内藤紀伊守殿に御預けとなり、結局、家が滅んだのは小姓の殺害が原因であると思われた。

鬼の姿を捨てた怨霊

いずれも、『諸国百物語』の物語世界ならば、鬼となって恨みを晴らしに出現したはずの話である。しかし、人と鬼の関係を示す話は、夫を激しく妬む妻が病気に臥せっていたが、「病人険しく起あがり、あら腹立やと云もあへず、双の指を口に入レ引ければ、耳の根までさけ、髪たちて、棕櫚のごとく成を乱し」と、生きながら鬼に変身する「妬女鬼となる」（第一二）の話があるのみで、死後、鬼に変身した話はまったく語られていない。すなわち、『新著聞集』に集められた怪異の世界において、幽霊は完全に鬼の姿を捨て去ってしまっていたのである。

では、鬼の姿形を捨てた幽霊は、どのような顔つきで恨み言を述べるために、この世に舞い戻ったのであろうか。その唯一の例が「妬魂頸を抱て念仏往生す」（第一三）に記されている。

　常州松原村の百姓嘉左衛門の妻は大層な美人であった。その妻が病気となり、今わの際に後妻を迎えてくれるなと遺言した。その後、代官からの命令もあり、仕方なく後妻を迎えたが、「その夜より、亡妻の怨霊来りて、夫の首すじに抱きつき、顔をさしのぞきける。その恨めしげなる粧ひ、えも云がたしと、身ぶるひし恐れてより、正気をうしなひ侍りし。」（以下略）

残念ながら、幽霊の顔つきは明確に描かれていない。わかることは、鬼の姿ではなく、あくまで生前の顔で凄まじいまでの恨みを表現したということだけである。

怖い幽霊の誕生

そこで、深い恨みを抱く幽霊の姿について、さらに詳しく知るために、『新著聞集』の約三〇年後の天明年間（一七八一〜八九年）から文化年間（一八〇四〜一八年）にかけて、世間のさまざまな出来事などを記した『耳囊』から事例を借りることにしよう。

『耳囊』でも、鬼となって出現する幽霊の話はまったく見当たらず、幽霊は、「髪ふり乱したる女の両手血に染みて通りける」（巻の一「怨念無しと極難き事」）や、「屏風(びょうぶ)の上へ色青ざめし女両手を掛て内を覗く」（巻の六「執心の説間違とおもふ事」）と、血まみれとなったり、青ざめた顔で恨みを表現していたことがわかる。

先にも述べたように、幽霊もまた鬼や蛇に化けることのできる能力を持つ「化物」であった。「化物」は化ける能力を持つからこそ「化物」であったわけである。ところが、いつの頃よりか、アダム・カバットが示したように、「化物」は、「化けられる化物」と「化けられない化物」に二極分化した。こうした歴史の流れのなかで、幽霊もまた鬼に化けられない化物となったのである。そして、化けられない化物となったとき、人びとに恐怖感を与えつつ、死者の怨恨を示す別の表現が与えられることとなった。それが、血まみれの姿であったり、青ざめた恨めしげな顔であったりしたわけである。すなわち、幽霊信仰のなかから、古代から連綿と人びとを恐怖のどん底に叩き落してきた「鬼」の信仰や観念が消滅したとき、生前の姿・顔つきで恐怖と怨恨を表現する、現代の私たちがただちに思い描く「怖い幽霊」が誕生したということだったのである。

怨霊を目撃する作法

ここで、プロローグで紹介した、幽霊の絵をいとも簡単に描く高校生や大学生たちの話を思い出していただきたい。学生たちが何ら躊躇（ちゅうちょ）せずチョークを手にして黒板に向かえたのは、幽霊が、誰が見てもそれであることがわかる「記号」化されていたからである。その「記号」は何よりも「死者」を表わすものでなければならない。

そうすると、近世中期頃の人びとにとって、「髪ふり乱したる女の両手血に染みて通りける」様子や、「屏風の上へ色青ざめし女両手を掛て内を覗く」様子は、目の前に現われた怪しいモノが死者であることを示す「記号」であったと捉えられるはずである。これを、もっと正確に言い直すならば、人びとが実際にそのように目撃したのではなく、死者である幽霊、とくに怨霊はそのように目撃するべきであり、そのように見えたならば怨霊であると認識していたわけである。

たとえば、河童は頭の上に水が入った皿と背中に甲羅（こうら）のようなものを持つなどと、妖怪たちの姿形が記号化されているように、怨霊に関する情報もまたすべて記号化されており、それが近世のある時期に生成され、現代にまで引き継がれていたということだったのである。

近世初期の「逆立ちする幽霊」も同じように捉えることができる。民俗誌の葬送儀礼を記述した箇所を見ると、死者を「北枕」に寝かせたり、「左前（ひだりまえ）」にして死者に着物を着せるなど、普段の生活では絶対に避ける「逆」の形にして儀礼を執り行なってきたことがわかる。こうした事例から、かつての日本人は「死者」の世界を「生者」の世界が逆転したものと認識していたことが理解できるであろう。これと同じように、「逆立ち」は足を用いる通常の歩行方法とは逆転した、手を使っての歩行である。つまり、逆立ちとは「死者」であることを示した記号であったわけである。

この「逆立ち」、すなわち、足を使用せずに歩くことをさらに突き詰めていくと、「足がない」状態になる。逆立ちよりも、通常の人間らしい姿形で「死者」を記号化するならば、足を消し去るのがもっとも効果的な方法といえるはずである。

従来は、円山応挙（まるやまおうきょ）（一七三三年生～九五年没）の絵画から、足のない幽霊が始まったとされていたが、諏訪春雄は一六七三年（寛文一三）刊の古浄瑠璃『花山院（かざんいん）きさきあらそひ』の挿絵の幽霊に足が描かれていないことを指摘している。一六七七年（延宝五）刊の『宿直草（とのいぐさ）』巻三の二「古狸を射る事」では、古狸が化けた幽霊の姿は「腰より下は見えず」とあり（図28）、さらには、応挙が生まれる一年前に刊行された『太平百物語』巻二の一四「十作ゆうれひに頼まれし事」でも、「腰より下はなくして」と記されている。まだ検討の余地は残されているが、一七世紀後半頃から、幽霊の「足」がおぼろに霞んだり、見えなくなったのはまず間違いのないことであろう。

ところで、青ざめた女の幽霊が屏風越しに覗くという造形は、まことに興味深く思える。というのも、鳥山石燕（とりやませきえん）が『今昔百鬼拾遺（こんじゃくひゃっきしゅうい）』「雨」（一七八〇年）のなかに「屏風闚（のぞき）」という幽霊と見紛（みまが）うような妖怪を描いているからである（図29）。つまり、「屏風闚」は見かけの上では、妖怪と幽霊の双方に通用する共通の記号が与えられているのである。絵には、次のような文が添えられている。

> 翠帳紅閨（すいちょうこうけい）に枕をならべ、顚鸞倒鳳（てんらんとうほう）の交（まじわり）あさからず、枝をつらね翼（はね）をかはさんとちかひし事も佗（あだ）となりし胸三寸の恨より、七尺の屏風も猶（なお）のぞくべし。

これを素直に読むならば、男女の愛情の破綻（はたん）による恨みを表現した文章であり、このことは、誰の身にも起こり得る万人共通の愛憎問題といえるだろう。そこには「特定の誰か」の情報は必要ないわけで、「屏風闚」は妖怪の側に位置づけられることになる。ところが、ここに「誰々が夫を恨んで」というような個人情報が付け加えられれば、たちまち『耳嚢』に記された屏風の上から恨めし気に覗き込む「幽霊」に変貌するわけである。

図28　古狸が化けた幽霊には足がない（『宿直草』巻3より）

図29　屛風闚（鳥山石燕『今昔百鬼拾遺』雨より）

このように怨霊を「記号」による表現と捉えるならば、「鬼」や「蛇」もまた恨みを抱いた死者を示す「記号」であったということになるだろう。近世初期の説話集では、まず死者はまさに生前そのまま、ことに女性は美しく着飾った姿で生者の前に現われた。しかし、それでは、読者は「死者」と認識することはできない。そこで、恨みを述べ立てた後、「鬼」や「蛇」という「記号」で示される、恨みを抱えた「死者」に変身する必要があったわけである。とくに、「鬼」はそもそも「死者」を意味する文字であったことも大きく関係していると思われる。

記号としての「鬼」と「蛇」

平安期の「鬼」たちは、恐ろしい姿形だけではなく、口から火焔を吐き出していた。この火焔もまた、鬼を示す「記号」であることは説明するまでもないだろう。これと同じように、たとえば、『諸国因果物語』（一七〇七年刊）巻六の一「十悪の人も報を受るに時節ある事」の幽霊は、姿は生前のままだが、口から火を吐いているし（図30）、『諸国百物語』の舟で向こう岸に渡らせてもらった幽霊も口から火焔を吹き出していた。こうしたように、近世初期の幽霊たちはまさに「鬼」そのものに変身していたのである。そうすると、歌舞伎や民俗系の幽霊譚では、幽霊は人魂をともなって出現することが多いが、これは死者の霊魂を示すだけではなく、人魂の別称を「鬼火」というように、鬼の姿で怨念を表現していたことの名残と考えることができるはずである。

図30　口から火焔を吹き出す幽霊
（『諸国因果物語』巻6より）

また、先に記したように、能楽で究極の怨念を表現する面は、「蛇面(じゃめん)」と呼ばれている。したがって、「蛇」は異性への異常なまでの執着心とともに、「死者」であることを示す最も高いランクの姿形であったと捉えられるだろう。ただ、私は、「蛇」にはたんなる「死（死者）」ではなく、「死」の後の「再生」の意味が込められていたと考えている。「性」への凄絶(せいぜつ)なまでの執着心は「生」への妄執(もうしゅう)でもある。強烈な恨みの果てに死亡し「鬼」となり、「蛇」の姿で再生する。だが、「蛇面」の最大の特徴は、般若の面には付けられてい

定評ある吉川弘文館の辞典・事典・図典

有識故実大辞典
鈴木敬三編
四六倍判・九一六頁／一八〇〇〇円

年中行事大辞典
加藤友康・高埜利彦・長沢利明・山田邦明編
四六倍判・八七二頁
二八〇〇〇円

日本石造物辞典
日本石造物辞典編集委員会編
菊判・一四二〇頁
二〇〇〇〇円

事典 墓の考古学
土生田純之編
菊判・五二〇頁／九五〇〇円

事典 江戸の暮らしの考古学
古泉　弘編
四六判・三九六頁／三八〇〇円

二〇世紀満洲歴史事典
貴志俊彦・松重充浩・松村史紀編
菊判
八四〇頁
一四〇〇〇円

〈沖縄〉基地問題を知る事典
前田哲男・林　博史・我部政明編
A5判・二二八頁／二四〇〇円

徳川歴代将軍事典
大石　学編
菊判・八八二頁／一三〇〇〇円

江戸幕府大事典
菊判・一一六八頁／一八〇〇〇円

近世藩制・藩校大事典
菊判・一一六八頁／一〇〇〇〇円

吉川弘文館編集部編

奈良古社寺辞典
四六判・三六〇頁・原色口絵八頁／二八〇〇円

京都古社寺辞典
四六判・四五六頁・原色口絵八頁／三〇〇〇円

鎌倉古社寺辞典
四六判・二九六頁・原色口絵八頁／二七〇〇円

世界の文字の図典【普及版】
世界の文字研究会編
菊判・六四〇頁／四八〇〇円

定評ある吉川弘文館の事典・年表・地図

知っておきたい 日本の名言・格言事典
大隅和雄・神田千里・季武嘉也・山本博文・義江彰夫著
A5判・二七二頁／二六〇〇円

知っておきたい 日本史の名場面事典
大隅和雄・神田千里・季武嘉也・森 公章・山本博文・義江彰夫著
A5判・二八六頁／二七〇〇円

知っておきたい 名僧のことば事典
中尾 堯・今井雅晴編
A5判・三〇四頁／二九〇〇円

知っておきたい 日本の年中行事事典
福田アジオ・菊池健策・山崎祐子・常光 徹・福原敏男著
A5判・二二四頁／二七〇〇円

日本仏像事典
真鍋俊照編
四六判・四四八頁／二五〇〇円

大好評のロングセラー

日本史年表・地図
児玉幸多編
B5判・一三六頁／一三〇〇円

世界史年表・地図
亀井高孝・三上次男・林 健太郎・堀米庸三編
B5判 二〇六頁 一四〇〇円

日本の食文化史年表
江原絢子・東四柳祥子編
菊判・四一八頁／五〇〇〇円

日本史総合年表 第二版
加藤友康・瀬野精一郎・鳥海 靖・丸山雍成編
四六倍判・一一八二頁／一四〇〇〇円

日本軍事史年表 昭和・平成
吉川弘文館編集部編
菊判・五一八頁／六〇〇〇円

誰でも読める［ふりがな付き］日本史年表 全5冊
吉川弘文館編集部編
菊判・平均五二〇頁

古代編 五七〇〇円
中世編 四八〇〇円
近世編 四六〇〇円
近代編 四二〇〇円
現代編 四二〇〇円
全5冊揃価＝二三五〇〇円

第11回 学校図書館出版賞受賞

●近　刊

※書名は仮題のものもあります。

樹木と暮らす古代人 木製品が語る弥生・古墳時代
樋上　昇著（歴史文化ライブラリー434）四六判／価格は未定

天智天皇（人物叢書287）
森　公章著　四六判／二三〇〇円

古代の恋愛生活 万葉集の恋歌を読む
古橋信孝著（読みなおす日本史）四六判／価格は未定

日本古代女官の研究
伊集院葉子著　A5判／価格は未定

シルクロードの仏蹟を訪ねて 大谷探検隊紀行
本多隆成著　四六判／価格は未定

平安初期の王権と文化
笹山晴生著　A5判／価格は未定

頼朝政権と街道（歴史文化ライブラリー435）
木村茂光著　四六判／価格は未定

日本中世の権力と寺院
高橋慎一朗著　A5判／九〇〇〇円

西行・慈円と日本の仏教 遁世思想と中世文化
大隅和雄著　四六判／二三〇〇円

神道の形成と中世神話
伊藤　聡著　A5判／九〇〇〇円

甲信越の名城を歩く 山梨編
山下孝司・平山　優編　A5判／価格は未定

江戸のパスポート 旅の不安はどう解消されたか
柴田　純著（歴史文化ライブラリー432）四六判／一八〇〇円

幽霊　近世都市が生み出した化物
髙岡弘幸著（歴史文化ライブラリー433）四六判／一七〇〇円

近世後期の対外政策と軍事・情報
松本英治著　A5判／一〇〇〇〇円

近代真宗大谷派の革新運動 白川党・井上豊忠の生涯
森岡清美著　A5判／価格は未定

日本海海戦の真実（読みなおす日本史）
野村　實著　四六判／二二〇〇円

昭和の戦争と内閣機能強化
関口哲矢著　A5判／価格は未定

ここまで変わった日本史教科書
高橋秀樹・三谷芳幸・村瀬信一著　A5判／一八〇〇円

平安語の宝庫、ついに成る！

平安時代の日記から蒐集した〈記録語〉約三万を集成。

平安時代記録語集成 上・下

附 記録語解義

7月発売

峰岸 明著

各三四〇〇〇円

四六倍判・上製・函入 『内容案内』送呈
上＝一六一二頁 下＝一五七六頁

記録語辞典の編纂を志した国語学の権威が蒐集した、平安時代の記録語約三万語の資料を集成。小右記など十一点から採録し、所出箇所（年月日・刊本頁行）・用例を示す。記録語辞典原稿の一部を「記録語解義」として附載。

本書の特色

◆平安時代の記録（日記）に使用されたことば「記録語」を集成した初めての書
◆小右記・御堂関白記・権記・兵範記など、十一の日記の中から用例を蒐集
◆蒐集された約三万の語句を、使いやすい漢和辞典の方式により掲出
◆項目ごとに用例の所出箇所（記録名・年月日・刊本頁行）や引用文などを示す
◆膨大な用例を通覧することで、読者みずから語義を考え、既刊の辞典類の載録から洩れた語を見いだせる
◆これまで説かれてきた語義に修正を加え、語の使用例の年代を遡らせることが可能
◆下巻には記録語辞典原稿の一部、約二千項目を「記録語解義」として附載

予約募集

日本近代の歴史 全6巻

【9月刊行開始】 四六判・平均二八〇頁／予価各二八〇〇円
〈第1回配本〉❶維新と開化…奥田晴樹著

日本生活史辞典

【10月発売】 木村茂光・安田常雄・白川部達夫・宮瀧交二編
四六倍判・九〇〇頁予定・原色口絵三二頁／予価二五〇〇〇円

た「耳」が欠落していること、つまりは人間とのコミュニケーションの拒絶を意味していることであると、私には思えてならないのだ。したがって、「蛇」への再生は、人間の世界から離脱し、化物の世界に完全に移行してしまったことを表わしていたと捉えることができるのではないだろうか。

鬼信仰の衰退と消滅

さて、鬼観念、鬼信仰を完全に抜き去ったところに成立した幽霊、とりわけ「怨霊」は、いつ頃登場したのであろうか。従来、多くの研究者が、幽霊の怨霊化に多大な影響を与えたのは歌舞伎であると指摘してきた。確かに、歌舞伎は寛政年間（一七八九〜一八〇一年）以降、恐怖を目的とした幽霊の怪談物が登場したとされており、『耳嚢』が記された年代とちょうど重なる。では、一八世紀後半に歌舞伎の影響を受けて、「鬼」や「蛇」から恐ろしい幽霊に変貌したのであろうか。性急に答えを出す前に、いま少し丁寧に事例を検討してみよう。

『諸国百物語』の二七年後、『新著聞集』の四五年前の一七〇四年（元禄一七）に刊行された怪談集『金玉ねぢぶくさ』に、夫が下女を愛人とし、子を孕ませたのを恨みに思いつつ死んだ女を納めた棺桶の蓋が開き、「もうじやのからだ眼をひらき、やせおとろへたる貌、額に角立、口をあけ、歯をあらはし、誠に物すざまじきありさま」の亡霊となって蘇り、「下女とおさな子との首を喰切」って殺害し、「さゆうの手に引さげ」て無念の思いを晴らしたという内容の「霊鬼人を喰らふ」の話がある（図31）。また、その八年後に刊行された北条団水（ほうじょうだんすい）『一夜船（ひとよぶね）』（一七一二年）の「詞（ことば）をかはせし磔女（はりつけ）」では、主人の妻の策略で、主人と密通したとの無実の罪を着せられ、苦しみぬいて死んだ下女が逆立ちする幽霊となり、取り殺した妻の生首をくわえて出てくるという話もある（図32）。

これらの作品以降のテキストを時代を追って見てみると、一七〇六年（宝永三）の『御伽百物語』、一七三二年（享保一七）の『太平百物語』、一七四三年（寛保三）の『諸国里（しょこくり）人談（じんだん）』など、著名なテキストだけではあるが、管見（かんけん）の限りにおいて、死者が鬼に変身する話は掲載されていない。

たった一つの事例をもって「ある」「あった」と断言することは容易であるが、「ない」と言い切るには慎重すぎるほどの調査・考究が必要である。それは十分に理解しているが、このように『諸国百物語』から『新著聞集』のあいだのテキストの内容を検討すると、近世初期、すでに衰えの兆しを見せていた鬼信仰・観念が、約一〇〇年を経た一八世紀初頭頃、完全に衰退・消滅し、現代にもつながる幽霊の姿が生成されたと見ることができると思えるのである。

鬼の真骨頂（しんこっちょう）は、雷神となった菅原道真や酒呑童子が示したように、王権への反抗とその破壊である。しかし、徳川政権による巧妙な管理により社会が安定し、また、貨幣経済

図31　鬼と化して、下女と幼な子の首を喰い切ろうとする幽霊（『金玉ねぢぶくさ』巻2より）

図32　逆立ちする幽霊（『一夜船』より）

の進展にともない豊かさを手にする者が増大したため、国家の転覆、破壊という反逆心は次第に薄れ、消滅してしまうことになり、あくまで豊かな社会のなかでの個人間の人間関係から生じる怨念などを表象する幽霊が主流となったのである。つまり、徳川政権という強大な敵に歯向かう「鬼」が消え去ると同時に、個人に祟る怨霊も「鬼」の姿を捨て去ることを余儀なくされたというわけだったのである。

そうすると、スケールは極端に矮小化（わいしょうか）されているとはいえ、「鬼」の容貌を持った鳥山石燕の「死霊」の絵は、当時、すでに人びとによって廃棄されてしまっていた鬼観念、怨霊を示す記号としての鬼にもとづいて描いたものであったということになるだろう。石燕は「悪霊」と「善霊」という幽霊の二面性を描き分けるため、鬼のような姿をした「死霊」を描いたと想像できるかもしれない。

零落する蛇の霊性

もう一つの死者の記号である「蛇」に関して、『新著聞集』では、どのような怪異譚が語られていたのであろうか。巻一四に「邪見の鰥母（かんぼ）不孝の二娘」という話がある。

二人の娘に邪険に扱われた母が嘆き悲しみ、井戸に身を投じる。娘婿が驚いて梯子を降ろそうとするところへ娘がやってきて、井戸のなかを覗こうとして誤って落ちてしまう。井戸の底では「母は、半身蛇に成て、頓（やが）て娘にまとひ付しを、聟（むこ）、泪を流して、さま〲侘言せしかば、汝が志わすれがたく、やさしきに恥て、ゆるすなりとてはなしけり。母は則ち死ぬ。娘も程なく失侍りしと也」。

正確にいえば、この蛇は死者が変身したものではないが、一見したところ、死者の霊が「大蛇」へと変身する『諸国百物語』の物語世界が、まだ息づいているように思えるだろう。

しかしながら、盗みの嫌疑をかけられた召使の女が獄死した後、「夜々、行灯のうへに、蛇蟠まりし」と「蛇」となって現われた「奴婢を禁獄し蛇に変じて命を奪ふ」（第四）や、夫の不倫を恨みに思いつつ死んだ妻が「六七尺ばかりの黒蛇」へと変身した「恨婦蛇となる潜妾家を去る」（第一二）という話もあり、『諸国百物語』で語られた人を飲み込むような「大蛇」ではなく、私たちが目撃するような普通の「蛇」としても描かれているのである。

これらの話からまずわかることは、怨念を恐ろしげな顔つきの幽霊としてだけではなく、「蛇」としても表象していたということである。先に、怨念は「鬼」として、異性への異常なまでの執着心は「蛇」として表象されてきたことを指摘した。すなわち、死者はみずからの意図するところに応じて「鬼」と「蛇」を使い分けていたわけである。それが、「鬼」の姿を放棄したことにより、「蛇」の姿で怨念をも表象するように変化したのである。

ここでもう一度詳しく蛇の姿に着目すれば、『曽呂利物語』巻一の九「舟越、大蛇を平らぐる事」という話に、「たけ一丈ばかりなる大蛇出で、角を振りたて紅の舌を出だして」（図33）とあるのと同じく、『諸国百物語』の挿絵でも頭に角が生えており、蛇というよりは想像上の怪物である「竜」に近いものと想像されていたことは、すでに述べたとおりである。そうすると、娘への恨みから体の半分が蛇となった母の姿は、竜と実在の蛇との中間に位置する姿と捉えられるだろう。つまり、死者が「蛇」となる信仰それ自体は、

図33　竜と見紛うばかりの大蛇
（『曽呂利物語』巻1より）

この時期でも引き続き存在していたのだが、内容がそれまでとはまったく異なったものとなっていたのである。

　こうしたように、死者が変身する蛇は竜のような「大蛇」から、日常生活で目撃される普通の「蛇」へと変化した。ここに、最高度の怨念を表現する「蛇面」を重ね合わせるならば、化物としての「ジャ」から動物としての要素が強い「ヘビ」へと変容したと言い換えることもできるだろう。鬼信仰が凋落したように、蛇の霊性もまた零落したのである。『新著聞集』での怨念を表象する蛇は、幽霊が化けることができる化物であったことを示す残滓にすぎないものであったわけなのだ。

　さらに、この変化は、『東海道四谷怪談』（一八二五年）の原拠となった、一七二七年（享保一二）の成立とされる『四谷雑談集』で、お岩の怨念が蛇となって現われることなどから、やはり鬼と同じように、一八世紀初頭前後の頃が「大蛇」から普通の「蛇」への転換点であったと推定できる。その後、生霊か死霊かは判断できないが、妹に心を移し、自分を離別した夫への怨念・嫉妬心が蛇として出現した話である『耳嚢』所収の「不義業報之事」（巻の七）などを経て、一八五九年（安政六）初演の三遊亭円朝『真景累ヶ淵』へと、蛇となって現われる幽霊の話の系譜が連なっていくことになる。しかし、文明開化の時代を間近に控え、幽霊と蛇の関係は、早晩消え去る運命にあったといえるだろう。そのため、現在の私たちのあいだでは、蛇へと姿を変える幽霊の話は聞こえてこないのである。

本節の締めくくりとして、怨念表象の転換の理由について若干の考えを述べておきたい。

人こそが化物

一八世紀を目前に控えた一六八五年（貞享二）、井原西鶴が『西鶴諸国はなし』の序文で「人はばけもの。世にないものはなし」と記し、人間中心の化物観が成立したことを高らかに宣言した。「人はばけもの」、すなわち、人間こそが化物だという人間中心の怪異観への転換がこの時期に生じ、人間と化物の境界がきわめて淡いものとなったのである。それは、近世日本思想史・文学者の野口武彦の言葉を借りれば、同時に化物の「人間化」でもあった。つまり、空想的な中世的怪異観から、現実的で人間的な近世的怪異観へ変貌したわけである。そうしたことにより、人はわざわざ怒りに燃え上がった鬼の形相を借りずとも、生前の姿で恐怖や怨念を表象することができるようになったのであり、非現実的な大蛇の姿に代えて現実的な蛇の姿を選択し、ゆくゆくはそれさえも捨て去り、何に化けることもできない幽霊を形成することになっていったのである。

怖い幽霊誕生の立役者として、歌舞伎をあげる論者は多い。しかし、室町時代後期の能楽と同じように、近世初期の歌舞伎の幽霊は「むしろ美的な精霊として受容されていた」

というように、能も歌舞伎も、幽霊はまったく怖いものではなかったのである。ところが、先に記したように、寛政年間（一七八九〜一八〇一年）以降、恐怖を目的とした幽霊の怪談物が登場したとされている（『新訂増補歌舞伎事典』平凡社、二〇〇〇年）。そうすると、私たちにとって周知の「怖い幽霊」は、一八世紀初頭頃、すなわち、歌舞伎の幽霊が恐ろしくなる以前に誕生していたことになるわけである。したがって、怖い幽霊の姿は、まず近世都市の生活文化の発展と深化にともなって紡ぎ出され、それが歌舞伎の演出に引き継がれたのであり、その後、立場が逆転し、歌舞伎が主導する形で幽霊の怨霊化に拍車がかかり、それが庶民のあいだに定着していくことになったと考えることができるはずである。

そこで、最終章では、「人はばけもの」という思想を生み出し、歌舞伎に多大な影響を与えるような怨霊を紡ぎ出した近世都市の生活の実態について、幽霊自身に語ってもらうことにしよう。

幽霊が語る近世都市社会

庶民による抵抗——武士の世界と幽霊

笑う門には福来る

近世都市、とりわけ「三都」の特徴を、あえて一言で述べるとするならば、「笑い」の芸能と文学、そして、それらと深い相互関係を持つ軽妙洒脱（しゃだつ）な「会話」が発達したことだといえよう。そうした「笑い」の文化の根幹は、農山漁村で現在も伝承されている、神を言祝（ことほ）ぐ儀礼としての非日常的な「笑い」とはまったく異なり、洒落（しゃれ）や冗談（じょうだん）、言葉遊びという高度な言語能力を駆使した日常的な「笑い」である。ときとして、話し相手や第三者への強烈な攻撃、排除、差別を意味する道具となるが、緊張した人間関係の緩和、人間関係の適度な距離感を保つことこそ、都市民の日常的な「笑い」の本質である。

都市における「他者」は自分の生活を守る仲間であると同時に、場合によってはそれ以上に、自分の生活を破壊する敵となってしまう存在である。社会心理学者の藤竹暁の言葉を借りるならば、都市民は「他人に〈かすかな嫌悪〉を覚えながら生活している。それはまた、他人の不幸への〈ひそやかな喜び〉を生み出す」のである。これは、近代以降の都市社会の特徴として述べられた言葉であるが、近世の都市でも、さほど異なっていたとは思われない。都市での対人関係は複雑で緊張したものであり、「笑い」という洗練された、微細なレベルの政治的駆け引きの武器で、人間関係の調和を図る必要があったわけである。まさに、「笑う門には福来る」は、都市民にとっての金言だったのだ。

本章では、権力者であった武士、貨幣経済の担い手として実質的な近世都市の支配者であった商人、そして幽霊譚の主役であると想像された女性と三つの世界に分けて、それぞれ、どのような「私」と「他者」が織りなす人間関係が幽霊の怨霊化をもたらしたのかについて考えていくことにしたい。では、「高知市異界マップ」にしたがって、城下町・高知での武士にまつわる幽霊譚から始めてみよう。

マチの周辺部の怪異

近世における高知は、高知城を中心として、およそ、東は農人町や稲荷新地（現在の若松町のあたり）、西は上街（現・上町五丁目）、北は江の口川をはさんだ地域、南は鏡川（および潮江川南岸に広がったマチ）に囲まれた地域であり、城下町から一歩でも離れると田畑が広がる「里」であった。こうしたマチと

図34　柳原の大入道（『土陽新聞』明治一八年八月二二日付より）

里の「境界」では、次のような妖怪が出没した（図34）。

怪力乱神を語らずとは支那の親父がいましめながら、見聞の儘書く新聞一昨廿日の夜土佐郡小高坂村字山の鼻に住む桐島三次郎の女房お勝（二十八）は所要あつて本町の堀詰まで行しが思ひしよりは要事がひまどり夜半と思ふ頃其家を立出、本町を西へ急ひで帰る途中行けどもゆけども北奉公人町の川岸端へ出ざるより、ハテ面妖な此所は何処と辺を見廻せばコハ何如に舛形にて、北へ廻る可きを間違へて路を南へ取りしと見へ、鏡川磧の藤並宮の御旅所なる柳原にてありければ、我ながら愚なりしとつぶやく折しも、丑三ツ告る遠寺の鐘最と物凄く鎬々と陰にこもりて聞ゆれば、お勝はゾット恐は気立ち元来し道へ足早に返らんとする後方にケラ〳〵と笑声のするよりおそろしながら振返り見ば、花表の側よりヌッと出たる大法師其丈け十丈余りと思ほしきが莞爾として立たるより、お勝は魂身をはなれきやつと其儘倒伏し気絶せし処へ或る男が通りかかり、何如なる者がとそば近く寄ればお勝はむつくと起き、有無をも云ずしがみ付れ、男は愕り定め狂気の人ならんとよう〳〵すかし本町の電信局の前へ連れ出し、何処の人ぞと尋ね問へど只大入道が恐ひ〳〵と取り止めも無き事を口走り、全正気を失ひし体なれば因じ果たる折柄、客待をして眠り居し人力曳の小高坂村の久保某といへるが眼を覚して此の人には少し見覚へあり、云々の所にて見受けし女なりと己が車に乗せて山の鼻の自由湯といへる銭湯屋へ連れ込み、主人をおこし諸共にモシおかみさん此の風呂屋に見覚はござりませんかと静に尋ね問ふ中にお勝は漸く正気になり住所も分り磧の話を聞より皆々舌を巻き呆れながら、直ぐ其家へ連行しとは近頃不思議な話。（傍点引用者。『土陽新聞』明治一八年八月二二日付）

これは一八八五年（明治一八）の記事であるが、八年後の一八九三年発行の『旅行必携新撰高知市街地図』（図35）を見ても、舛形（現・升形）南方の鏡川の川原と川向こうは人家がまばらな寂しい地域であったことがわかる。人家が密集していない地域は幽霊ではなく、妖怪の棲家であったのだ。この「大法師」の正体はついに不明のままであった。

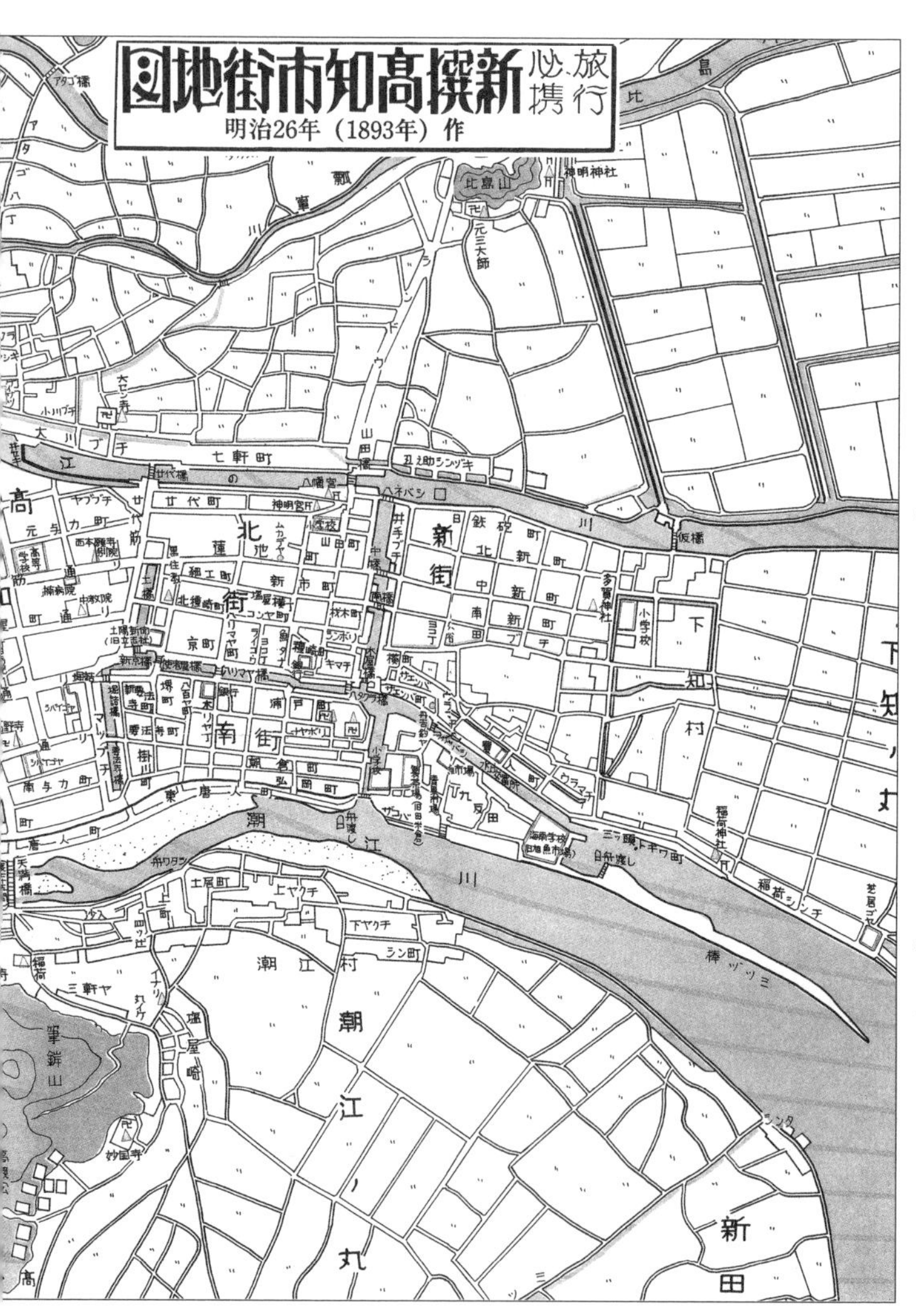

図35『旅行必携新撰高知市街地図』（一八九三年、『改訂版高知城下町読本』より）

本図は明治11年3月発行河田小龍制作の高知市街全図を参考として明治26年11月久保田祥然堂発行の旅行必携新撰高知市街地図（吉松先生蔵）を模写したもので明治11年3月発行の図中名で明治26年11月発行の図中に記載名変更の箇所は（旧）と記入した。（藤戸三頭）
諸官舎．病院．学校
芝居小屋
神社．寺院．教会
人　家
川　海
田　畑
山　丘
老　舗
（旧万々村）
初月村
スナガモリ
新屋敷
小高山
高知城
桜馬場
監獄署（旧県庁）
常通寺島
（旧石井村）
八幡宮
神田川
天満宮
潮江山

都市での怪異現象の特徴は幽霊と化物屋敷だが、城下町の中心である高知城の追手門の番所も一種の化物屋敷であった。

> 今は昔藩政中高知城追手門内外に上下二番所あり下番所は足軽二名づヽ相詰上番所（門内西北に在り）には馬廻の士昼夜二三名交代を以て相詰暮れ六時出勤、明六時退出にて若党一人鑓持一人を召具す右上番所の上の間には其番衆の士相詰め次の間には其組頭の家僕のみが休臥する例なりしが此の下間に臥す家僕輩を深夜熟眠の際を**何者とも知れず上より圧伏する者あり是に押さるる者は殆ど絶息する計の困苦にて漸くうめき声のみを出すを得或は二人同時に伏せらるるも多かりし**と彼の足軽にて泉州堺事件の烈士一人たりし横田辰五郎は本藩馬廻士林某の家僕なりしが当番の夜圧伏せられしこと数々なりしといふ。（傍点引用者。寺石正路『土佐郷土民俗譚』日新館書店、一九二八年）

前近代の「金縛り」

右の事例で武士たちが経験した怪異現象は、現代でいうところの「金縛り」だと思われるが、そうした言葉が本文中で用いられていない。そうすると、この怪異があった江戸時代や、この事例が書かれた一九二八年（昭和三）すなわち昭和初期頃においては、現代的な意味での「金縛り」という言葉はなく、妖怪もしくは幽霊の仕業とされていたことになるのではないだろうか。現代の私たちは「金縛り」を妖怪や幽霊とは関係のない独立した怪異現象として捉えることも多い。そもそも、修験者が不動明王の威力によって人を身動きできないようにする法を意味していた言葉が、いつ頃から、怪異を示す言葉に変化したのだろうか。興味深いテーマであると思われる。

武士と怪異

高知の化物屋敷や幽霊は、武士に関連するものがほとんどであった。三都では、武士以上に商人を中心とした町人がらみの幽霊譚が多く語られたことからすると、高知は規模が小さいため、商人の数が少なかったこと、それにともなって藩政や日常生活に対する商人の影響力が比較的弱かったことが理由であると考えられる。

次の事例は、明治時代の初期、潮江（うしおえ）天満宮の近くで、実際に火の玉と女性の幽霊を目撃した様子を記した後、父親から聞いた幽霊の正体について述べている。

父の話によると、かつて、片町の武士の家に一人の娘がおり、彼女が、その家に出入りする潮江の百姓の男と恋仲になってしまった。武士である父親は許しておけぬと、ある夜、娘の後をつけ、腹立ち紛れに天神様の北裏の池に娘を沈めて殺してしまったことがあった。（入交春「ゆうれい実見談」〈『霊と伝説』第一号、土佐伝説会、一九三四年〉を一部省略して記した）

この幽霊譚には、近世の身分制度の厳しさがきわめてよく描き込まれている。豪商と農民のあいだにも身分ちがいの恋愛問題が生じただろうが、やはり近世においては武士とそのほかの身分の格差こそ絶大なものであり、幽霊譚や怨霊譚を生み出す温床になりやすかったと想像できる。次の事例は化物屋敷譚である。

昔安永（一七七二〜八一年）天明（一七八一〜八九年）の頃高知江口に妖怪屋敷と呼ばるる所あり、往々此家を買求め又借得て住人有とても夜陰に至れば何か怪しき事ありとて僅に十日間をも経ざる内に皆出去る遂に買借手なく徒の明屋と成り有りしを藩中若侍山田茂兵衛、森勘左衛門等三人が実否を試さんと一夜其の家に立越せしに子刻（夜十二時）頃小雨降り物寂しけれど格別の事なく今夜は一宿せんと三人枕を並べ打臥せしに熟眠中ふと太刀打の音耳に入り一同驚き目を覚まして之を窺へば頭上三四尺にてはつしはつしと打合ふ音稍暫くし其の音絶ゆると等しく雞声聞へ明方となりしより一同起て枕辺を見しに三人の佩刀は皆何者かが抜放し使用せし様ありといふ、是より魔屋敷の名益高かりしと。（傍点引用者。寺石前掲書）

この事例では、化物屋敷が武士の屋敷であったとも、また、武士の姿をした幽霊が出たとも記されていないが、城下町の内部での出来事であることから、怪異に遭遇した三人の武士や、この話を聞いた者たちは、死んだ武士の霊のいたずらと解釈したのではないかと考えられる。これがもし、城下町の外部での怪事であれば、ずる賢い狸か狐の悪さと理解されたはずである。そうすると、前の「金縛り」の事例も城下の中心で起こったことから、幽霊による怪異と解釈されたと想像できるだろう。

手討ちと怨霊

　三人の武士たちは、みずからの刀で化物にもてあそばれたわけだが、刀で他人の人生を翻弄することもあった。武士が家臣や町人などを斬り殺すこと、すなわち「手討ち」である。私には「手討ち」が実際にどれほど行なわれたのかわからないが、近世の庶民は、武士はどのような些細なことであっても、すぐ手討ちにするものだと信じていた。そのため、「創作系」「民俗系」を問わず、手討ちにされた者の怨霊譚が好んで話され、それが記されたのである。

　たとえば、『平仮名本・因果物語』の「非分にころされて、怨をなしける事」（巻六の四）は、ある武士が長年奉公しているにもかかわらず出世が遅れたため出仕をやめたところ、怒った藩主の命令で妻子ともども斬首され、男の怨霊が首切り役人と藩主を取り殺したという話である。また、『善悪報ばなし』の「無益の殺生の事　幷びに霊来りて敵を取る事」（巻三の二）は、家老が主君による釈放の命令を無視して、取るに足らないような物を持ち逃げした下人を成敗したところ、下人の怨霊が家老につきまとうようになり、ついに家老が狂死したという話である。前章で取り上げた『新著聞集』「幽影屢あらはれ数人悉く見る」の小姓も些細な罪をとがめられ手討ちにされている。

　土佐でも、「上士」と呼ばれた上級武士に手討ちにされた召使いの怨霊が、年末の深夜、煤掃（大掃除）のような音を立てるようになったという、化物屋敷の誕生を説明する話がある。

昔旧藩の頃高知城下中島町上の丁に馬廻小八木といへる上士あり、或時歳暮煤掃をなしたるに召仕の下婢何か過失事有て手討にせしを其の怨霊祟をなし邸内大榎木の下に小祠を建て之を祀りしが毎歳季冬深夜に及び畳を敲き煤掃をなす如き音響あり其の不思議なるは同邸にて聞けば他所の如く他より聞けば同邸内の大榎下の如くなりしと世俗に小八木の煤掃といふて城下には有名なる話なりき。（寺石前掲書）

続けて、同じような内容を持つ、次の事例を見てみよう。

藩政時代のことである。お城下の金子橋に大きな榎の木があるところには、昔、大きな屋敷があって、潮江村からお菊という美しい娘が女中奉公に来ていた。年末の二五日は煤掃で、お菊は他の者と勝手や台所を掃除しているところを主人に呼ばれた。主人はお菊を自分のものにしようと言い寄ったが、お菊は頑として断り、逃げまわっているうちに、家宝の道具につまずいて割ってしまった。主人は烈火のごとく怒り、一刀のもとにお菊を斬り殺し、裏の井戸へ投げ込んだ。その夜、風もないのに、屋敷内を煤掃する音がして、屋敷の者は眠ることができなかった。一方、お菊と将来を約束した与吉が血まみれになったお菊の夢を見たため、お菊が奉公している屋敷に出向き、主人にお菊に会わせてくれと頼んだ。しかし、問答の末、その主人によって与吉も斬り殺されてしまった。それからというもの、毎晩のように煤掃の音がするため、主人は悩み苦しんだすえ、とうとう狂い死にしてしまった。残された家族の者が庭近くの榎のもとへ社を建て、お榎神社として祀った。その後、毎晩、煤掃の音はしなくなったが、暮れの二五日だけは煤掃の音が聞こえてくるという。（市原麟一郎編『日本民話―土佐のお化けばなし』〈講談社、一九七五年〉所収の話を引用者が短く書き直した）

興味深いことに、この事例では「皿屋敷」の主人公である「お菊」が登場し、内容も先の事例に「皿屋敷」譚の一部を混ぜ合わせたようなものとなっている。昭和に入ってから、市原が高知市内に住む者から聞き取った話であることからすると、先の事例がもともとの怪異譚であったのが、人口に膾炙していくうちに皿屋敷の内容と混合し、市原が記した話として成立したと捉えることもできるだろう。それは、それだけ皿屋敷伝承がほかの怪異譚を引き寄せてしまうほどの深い「意味」を含み持っていたからではないだろうか。そこで、「皿屋敷」と武士の関係について検討を続けてみよう。

怪談「皿屋敷」の意味

皿屋敷伝説は、江戸の番町や播州（現・兵庫県西南部）が本場として有名だが、柳田国男監修の『日本伝説名彙』には高知県幡多郡西土佐村（現・高知県四万十市）、福岡県嘉穂郡碓井町（現・福岡県嘉麻市）、長崎県福江市の三例が記載されている。また、一七四三年（寛保三）刊の『諸国里人談』には、次のように、江戸牛込、松江、播州に同じ話が語り伝えられているとの記事がある。

正保年中（一六四四〜四八年）武士の下女、十の皿を一ッ井に落たる科によつて害せられ、其亡魂、夜々井の端にあらはれ、一より九まで算へ、十をいはずして泣叫と云事、普く世に知る所なり。此古井の屋敷は、江戸牛込御門の内にあり。又雲州松江に件の井あり。又播州にもあり。其趣皆同じ事なり。いづれか一所は真意あるか。三所ともに同じ。皿砕の亡霊附会の説なり。

しかし、多忙な医師の仕事をこなしながら、全国の皿屋敷伝説を精査した伊藤篤によると、同じような説話が北は岩手県から南は鹿児島県まで、ほぼ全国にわたって四八か所の伝承地があるという。伊藤が作成した一覧表を見ると、藩主や家老など武家に関連する話が約半数を占めており、武士にまつわる怨霊譚の意味を理解するのに適した素材だと思われる。先に紹介した『西播怪談実記』に収められた「姫路皿屋敷」から、皿屋敷譚の内容をもう一度確認しておこう。

姫路城の郭のなかに「皿屋敷」と呼ばれるところがある。その由来を尋ねると、（姫路が）小寺氏の所領だった時までさかのぼるそうだ。仕官の志のある人たちが家老衆を招待し、贅を尽くした珍味でもてなした。食膳に用いた器も上等なものばかりだったが、なかでも見事だったのは秘蔵の信楽焼(しがらきやき)の皿十枚だった。膳が下げられると仲間(ちゅうげん)・小者(こもの)がそれを受け取り、洗い終わったものを腰元(こしもと)が受け取って、それぞれの箱に納めた。その時、腰元は信楽焼の皿を箱に入れようとして誤って落とし、二つに割ってしまった。そこで、それを押し合わせて箱の底にそっと入れておいた。

盛会だった酒宴も終わり、客たちは帰っていった。亭主は門口まで客を送って戻るや否や、腰元を呼んで「信楽焼の皿の入った箱を持ってきなさい」と言った。その様子はまさに愛蔵の品と聞いていたとおりである。腰元ははっとして、震えながら箱を持って来た。さらに「私の前へ持ってきて枚数を確認しなさい」と言われたので、仕方なく蓋(ふた)を開け、「一つ、二つ」と数えて九枚まで出してとまどっていると、「もう一つは」と聞かれた。「先ほど粗相(そそう)をいたしまして」と言い終わらぬうちに、腰元は斬り殺されてしまった。

それからまもなく、夜になると頻繁に家鳴(やな)りがし、幽霊が出るようになった。幽霊は「一つ、二つ」と数えはじめ、「三つ、四つ、五つ、六つ、七つ、八つ、九つ、ああ、悲しい」と泣き叫ぶ。その声は耳に残って離れず、恐ろしさは言葉では言い表せない。そこで、法力のある高僧や学識も徳も具えた気高い僧を招いて追善(ついぜん)の祈祷(きとう)などさまざまに手を尽くしたが、一向に止まない。たびたび願い出て新しい屋敷を拝領し、

図36　皿かぞえ（鳥山石燕『今昔画図続百鬼』晦より）

引っ越したものの、いくらもたたないうちにその家は断絶したそうだ。

思えば、斬り殺される前に腰元が「一つ、二つ」と数えたのは屠所に引かれて行く羊の歩みも同じで、その心中を思いやると哀れである。その臨終の一念にひかれ、とうとう永く修羅の下僕となったのは気の毒なことだ。

場所は桐の馬場にある「皿屋敷」と言い伝えられ、寛延年中（一七四八〜五一）の今でも腰元の亡魂が来ることが続いているのか、住む人もなく空き屋敷となっている。

この事件はずいぶん昔のことで定かではないが、皿屋敷があることは確実なことだ。

（以下略）

武家ではなく庄屋の屋敷が舞台であるが、明治時代末期に松野尾章行が著した『皆山集』巻六二に、播州から来た廻国の修行者が、亡霊の皿を数える声が九枚に達したとき、すかさず「十に足すぞ」というと泣き声が止み亡霊が現われなくなったが、その後、湊浦庄屋の家は没落したという、高知県幡多郡西土佐村の話が記されている。

この西土佐村の伝説で、「播州の修行者」が描かれていることがまことに興味深い。こうしたことなどを受けて、伊藤篤は、四八か所の伝説の類似性は、①領主の転封、②仏教の唱導活動、③舟運、④歌舞伎や人形浄瑠璃などの演劇、⑤各地を巡り歩く売薬商人の五つにより各地に伝播したことが原因であると分析している。ちなみに、「皿屋敷」に題材を採った歌舞伎は一七二〇年（享保五）、人形浄瑠璃は一七四一年（寛保元）に初演されている。

さらに、伊藤は皿屋敷譚の内容を、（一）一人の奉公娘が、主人が秘蔵する一揃いの皿の一枚を誤って壊す。または、その娘に恨みを持つ何者かが皿を隠す。（二）娘は皿の責任を問われて責め殺されるか、あるいはみずから命を絶つ。夜になると、娘の亡霊が現われて皿を数える。（三）犠牲になった娘の祟りにより、主人の家にいろいろの災厄が起こり衰亡していく、の三点にまとめることができると述べている。

私がとりわけ注目するのは、伊藤による第三の指摘である。すなわち、「皿屋敷」の最も重要なポイントは、娘の奉公先である武家をはじめとして、庄屋、豪農、長者の「怪死」もしくは、家の「没落」の原因を説明する説話となっているということである。

村社会においては、妖怪である東北の座敷ワラシや土佐の山姥などが、家の富裕化と、その逆の没落の原因譚として語られてきた。そうすると、「皿屋敷」は富裕化の部分が欠落したものではあるが、家の没落を説明している点で、座敷ワラシなどの伝説と同じ機能を持っていたと類推することができるはずである。

ある「家」の没落の原因を探り、語るのは、当事者ではなく、常にその「家」の周囲の者たちである。つまり、周囲の者がある「家」の没落を目の当(まあ)たりにして、あれだけ栄えていた家なのに不思議なことだと考え、その原因を探り、語るに際して、座敷ワラシや山姥、そして「皿屋敷」などから一つを恣意的に選択していたということだったのである。あえて繰り返すまでもなく、城下町では妖怪ではなく、幽霊こそが好んで選ばれ、その結果、座敷ワラシではなく、「皿屋敷」が各地の城下町やマチで語られたわけである。

権力への抵抗

ここで、「皿屋敷」を生み出した城下町の武家の生活について考えてみることにしよう。

城下町における武士と領民の生活はまったく異なったものであった。とくに上級武士の屋敷は高い塀に囲まれ、終日、門は固く閉ざされたままで、出入りの御用商人を除き、一般庶民が屋敷内を覗き見ることなど到底不可能なことであった。庶民は武士の生活を、断片的な情報やあやふやな知識でおぼろげに想像するしかなく、プライバシーが厳守された塀の内側の生活は「秘密めいた」ものとなったのである。

また、中世や戦国期の武士の血生臭い戦いぶり、戦乱にまつわる怨霊や幽霊譚は、能や歌舞伎、読本などによって、近世の庶民にとって周知の知識であった。江戸時代に入ると、武士の役割は戦士から、今でいうところの国家公務員や地方公務員へと様変わりした。一見平和に見えるが、その実、高度に発達した官僚機構のなかでのキャリア組たちの壮絶な出世争い、仕事のミスや同僚の讒言（ざんげん）による自害（切腹）や手討ち、蟄居（ちっきょ）、左遷も多かったであろう。また、その逆に、家督（かとく）を継ぐことができず、出世の見込みがまったくないことから荒れ狂った旗本の次男や三男たちによる乱暴狼藉（らんぼうろうぜき）、町人に対する無礼討ち（ぶれいうち）など、町人は最高権力者である武士たちに、昔とまったく変わらない「血塗られた姿」を透視していたのである。

こうして、秘密めいた武家の屋敷は陰惨な幽霊譚を生み出す温床となり、たとえば、武家屋敷で奉公している美人で有名な娘の姿が急に見かけられなくなったり、武家屋敷が取り潰しにされた場合、周囲の町人たちは明確な理由がわからないため、「侍ってのは、もとはとにかく人を殺して地位が上がったようなもんだから、そういうのがあるのはあたりまえだ」（宮本常一「逃げ場のない差別のひだ」）とばかりに、「皿屋敷」のような血生臭い幽霊譚を語り、没落の原因を解釈しようとしたということだったのだ。このように捉えてみると、武士の世界の幽霊譚とは、庶民による武士への精一杯の抵抗という側面もあったと考えることができるだろう。庶民は、お菊のような庶民出身の幽霊に自分たちの反抗心を託していたのである。町人が権力者である武士を懲らしめるという、現実世界ではあり得ないことをやってのけてくれる唯一の存在が幽霊であったわけである。

ところで、伊藤による全国の「皿屋敷」一覧表には、加害者として武家・郷士のほかに庄屋、長者、豪農などがあげられているが、商人や豪商の姿はどこにも見えない。近世の商売人はまったく手を汚さずに金儲けをすることができたのであろうか。商人にまつわる怨霊譚はなかったのであろうか。次節では、商人すなわち「貨幣」をめぐる幽霊譚に招待することにしよう。

貨幣が紡ぎ出す恨み——商人の世界と幽霊

貨幣と欲望

すでに述べたように、マチは商業活動の場であった。その商業活動は「貨幣」を通じて行なわれる。さまざまなモノはすべて商品となるだけでなく、情報や人（労働力）もまた貨幣によってその価値が計られるように、マチ、そして都市の生活を支配する原理は「貨幣」によってつくり上げられたのである。江戸時代は貨幣経済が各地に浸透した時代であり、三都がゆるぎない繁栄を謳歌（おうか）した時代であった。

この「貨幣」という富は、自然条件に厳しく規定される農林漁業とはまったく異なり、個人の才覚で無限に増やすことが可能である。都市での幸福のあり方は、ほかでもない「貨幣」によって規定されたのだ。したがって、「貨幣」こそが金持ちになりたいという「欲望」を生み出し、その「欲望」が際限（さいげん）無く金を儲けることを促し、「貨幣」と「欲望」

の終わりのないゲームが繰り広げられることになったのである。

「貨幣」と「欲望」のゲームに人生が翻弄される都市では、栄華をきわめた後に没落した者や、欲望を果たせぬまま死んでしまう者も数限りなかった。そこで、周囲の者たちから、もっと長生きすれば、もっと良い暮らしができ、幸せになることができたのにと判断されたとき、死者がこの世に残した「欲望」が「未練」となり、幽霊という怪異に結晶した形で語られることも多かったのである。

現世利益の思想

そうした暮らしのあり方を生み出した背景に「現世利益」の思想があった。これは端的にいえば、死んだらそれっきりなので、生きているあいだに、神仏の力を借りて、とにかくいい思いをすればよいという考え方である。現代でも、初詣の際、自分個人や家族の無病息災、志望校合格、就職、商売繁盛、出世、恋愛成就、良縁祈願など、生きているあいだの幸福の維持・拡大を祈願するように、現世利益の思想は、私たちにとっても、何ら疑う必要のない当然のものとして、心の奥深くに根づいている。

ところが、キリスト教文化圏の者にとって、この現世利益の考え方は異様なものに思えたらしい。江戸時代が始まる直前、ポルトガルの宣教師ガスパル・ヴィレラが、自治都市の繁栄を築き上げた堺商人の印象を次のように述べている。

彼等は僧院及び住宅を地上の天国となさんとせるなり。彼等は殆ど皆死後一切終り、霊魂も又悦を感ずることを得べき何物も残らず、畜生の如く終了するものと信ずる故に、力の限り好き生活をなさんと力む。（柳谷武夫編・村上直次郎訳『イエズス会士通信〈耶蘇会士日本通信・下〉』雄松堂書店、一九六九年）

平安期以降、仏教の僧侶たちは、熱心に信心することにより、死後は、清浄な「あの世」である「浄土」に行くことができるという思想を広めることに務めた。ところが、仏教の信奉者であった貴族や武士の一部を除く庶民の多くは「浄土思想」にあまり強い関心を寄せなかったのである。むしろ、「浄土」に赴くために、「現世」でどのように幸福を手にすればよいかということを重視したと見たほうがよいだろう。その幸福は、儲けた金の多寡で度合いが決まると考えたのだ。まさに「地獄の沙汰も金次第」である。

現代の日本においても、死後の幸福を願うことなど考えたこともない者がほとんどであろう。私たちの興味関心は「現世」の幸福にこそあるわけで、それは中世末期の堺の商人や近世の人びともまったく変わらないものであったのだ。

幽霊は死者であるが、見方を変えれば、生者の世界に固執している存在でもある。もし、死後住むことになる清く美しい「浄土」が、鬱陶しい人間関係に煩わされるなど、ケガレに満ち満ちた「この世」よりも素晴らしい場所であるならば、現世に何の思いも残すことはないはずであろう。生者が幽霊に託した「この世での幸福」への執着心こそが、日本の幽霊文化を育てた土壌であったと考えられるわけである。

金銭への執着心

さて、次に示す事例は、明治時代初期に高知の地元新聞に掲載された遊廓での幽霊譚である。江戸時代、三都を中心として発達した遊廓は、肉体を金銭で売買しつつ、遊女と客が厳格に規定されたルールにもとづいて「疑似恋愛ゲーム」に興じる、貨幣経済の中心ともいえる場所であった。記事は、金儲けの欲望を果すことなく病気で死亡した芸妓が、「妹分」としてかわいがっていた芸妓に、売春の免許証である「鑑札」を譲り渡して儲けさせたという内容であり、都市での「欲望」のあり方が実によく示されている（図37）。

百足らず八十の隈路は手向せば過去し人に蓋し逢はんかもト、彼の万葉集に詠んだるも宜なるかな、本年五月の頃稲荷新地百万石楼の芸妓小糸（二十三）は少しの病痾より図らず重き枕に伏し、遂に亡人の数に加はりしを妹分の芸妓小時（二十）は宛ら赤子の慈母を失ひし如く墓参何くれに暇なく朝夕仏壇に香華を手向け、跡叮重に弔しが、其功ありてのことなるや或夜小時は奥の間で寝て（一人で）居しに障子を明けて入り来る者を能く見れば過去り玉ふ姉分の小糸が忏処へ現れ出で「ノウ〳〵妹の小時さん、妾しが持し鑑札がまだアノ奥に有る程に是をお持で稼がんせ」と云ふたか云はぬか知れないが、小時は是を真に受けて姉分小糸が鑑札を持ちて喏ん〳〵遣って居るを、早く其筋の御目に留り此程に大枚の御灸を戴きしとは、飛んだ幽霊の御厚志で厶る。サア見玉へ小糸さんの幽霊を昔しの汚名染さん今日の画入〳〵。

（『弥生新聞』明治一八年一〇月一一日付）

また、貨幣経済の発達した都市では、生活がきわめて不安定なものであった。農村や漁

図37　幽霊から鑑札を譲り受ける遊女
（『弥生新聞』明治18年10月11日付より）

村とは異なり、生産手段を持たない生活者たちにとっては「蓄財」こそが人生で最も大切なこととなった。そのため、生前に残した金銭への執着心から幽霊となって現われるという話も数多く語られた。その代表として、『耳嚢』の「怪竈の事」（巻の五）をあげておこう。

改代町（現・東京都新宿区）に住む日雇いの男が古道具屋で竈を買った。二日目の夜、汚い法師が竈の下から手を出しているので驚き、早速買い換えることにした。怪しい竈は、後日、男の仲間が買ったが、やはり同じ不思議なことが起きたため、古道具屋に引き取らせた。その夜、台所に置かれた竈から汚い坊主が手を出し這いまわるので、夜が明けてから竈を壊してみると金子五両が出てきた。ある人は、法師が金を竈に隠して死んでしまい、それが心残りであったので現われたのだと語った。

この幽霊は「法師」であったが、すでに紹介した『諸国百物語』巻三の一四「豊後の国西迎寺の長老金にしう（執）心のこす事」の幽霊も「僧侶」であった。こうしたように、生前に残した金への執着心を描く幽霊譚の主人公には僧侶が抜擢されることが多い。これは、近世における仏教の俗化、寺檀制度による僧侶の生活の安定、布施（謝礼）などによる金儲けの様子を皮肉ったためと考えられる。

「幽霊金」

たとえば、河童が秘伝の薬をもたらしたり、座敷ワラシが家を裕福にしたりしたように、日本では異界から「富」がもたらされるという信仰があった。私が調査した越中（現・富山県）は立山信仰が盛んで、それに関連した「天狗」が代表的な妖怪であったが、天狗は子どもを誘拐する「神隠し」の犯人とする伝説とともに、人びとに太鼓の打ち方、名物となった餅のつくり方などを教えたという伝説が残されている。これに対して、マチや都市では、幽霊が「お金」を与えてくれたのである。『遠野物語拾遺』第一三七話は、都市の化物が、都市生活のあり方を支配する貨幣を与えるという、実に象徴的な「幽霊金」の話である。

> 遠野の町の某、ある夜寺ばかりある町の墓地の中を通っていると、向こうから不思議な女が一人あるいて来る。よく見ると同じ町でつい先頃死んだ者であった。驚いて立ちどまっている処へつかつかと近づいて来て、これを持っていけと言うてきたない小袋を一つ手渡した。手に取ってみるに何か小重たい物であった。恐ろしいから急いで逃げ帰り、家に来て袋を開けて見ると、中には銀貨銅貨を取り交ぜて、多量の金がはいっていた。その金はいくら使ってもなくならず、今までの貧乏人が急に裕福になったという噂である。これはつい近い頃の話であったが、俗に幽霊金といって昔からままあることである。一文でもいいから袋の中に残しておくと、一夜のうちにまた元

の通りにいっぱいになっているものだといわれている。

この民俗系の世間話は、幽霊にお金をもらった理由が語られていないことからすると、貧困に喘(あえ)いでいた者が新たに職に就いたり、商売を始めたりしていないにもかかわらず、周囲の者が驚くほど急に裕福になったことがあり、その「原因」を詮索(せんさく)するために語られた噂話であったと思われる。

島根県松江市では、お金そのものではなく、幽霊が金儲けの幸運を呼び込む品物を渡したとの話がある。

江戸時代末期の頃、松江の場末に京、大坂への飛脚をなりわいとする「京屋」という商人がおり、仕事帰りの夜中、作州(さくしゅう)（現・岡山県北東部）の津山で、子どもを抱いた女の幽霊に出会った。幽霊は、この子どもが腹のなかにいるときに、夫が別の女と一緒になったのを深く恨んでおり、子どもを抱いていると恨みを晴らすことができないと語る。しばらくのあいだ預かって欲しいと頼むので、子どもを抱いて待っていると、思いを遂げた幽霊が戻って来て、お礼にと「鏡」を手渡し、仏壇に祀っていると必ず良いことがあるという。その後、その男の店は大繁盛したが、子どもの代になり鏡を粗末に扱ったり、数々の不徳なことをしたため家運が衰え、ついには火事に巻き込まれて家も鏡も跡形もなく消失したという。（石村春荘『松江むかし話』〈私家版、一

九六四年〉所収の話を引用者が短く書き直した〉

誤って滝壺に薪を落としたところ、滝に住む水神から薪のお礼として「ウントク」という鼻をたらしているような汚い子どもを貰い、それを大切に扱っていると家運が上昇し裕福になるが、粗末にすると途端に元の貧しい生活に戻ったという内容の昔話や伝説がある。そうすると、この話が盛んに語られていた頃は、「鏡」を粗末に扱ったために家運が傾き、何とかそれを持ち直させようとして不徳の数々を働いたという順序で語られたと推測できるだろう。

武士は食わねど……

『遠野物語拾遺』の話では、幽霊がお金を渡した理由が述べられていないが、創作系の説話のなかに、松江の世間話と同じく、幽霊の恩返しともいうべき話が散見される。

『一夜船』巻二の二「詞をかはせし磔女」は、武士が、逆立ちして歩く女の幽霊に乞われるまま背負って川を渡り、恨む相手が住む家の門に貼られた祈禱札を剝がすと、幽霊が家のなかに入り、女の生首をくわえて出て来て、恩返しがしたいという。ところが、武士は出家して、幽霊が取り殺した者の菩提を弔うといって、亡霊からの謝礼を断るという話である。

また、福島県会津若松市では、次のような話が語り伝えられていた。

江戸時代が始まる少し前のこと、会津領主の蒲生氏郷の家臣に志賀新七という豪勇な武士がいた。ある日の丑三つ時、新七の名を呼ぶ声がして、青火が燃えたかと思うと、その後ろから、赤子を抱いた女の幽霊が現われた。女はある屋敷に奉公していたが、主人の胤を宿したため奥方の悋気にふれ、折檻されて殺された。怨みを晴らしたいが、屋敷の門に神札が貼ってあり入れないので、それを剝がして欲しいという。新七が神札を剝がし、幽霊から子どもを預かると、幽霊が屋敷に入り、ほどなく女の生首を下げて出て来た。お礼がしたいというのを新七は断るが、ふと「私の家では水が悪くて困っている。良い水が欲しいのだが」とつぶやくと、幽霊はうなずきながら消えていった。翌朝、庭先に見慣れぬ大きな石が置いてあるので、下男に取りのけさせると、清冽な清水が湧き出してきた。（以下略。小島一男『町名歴史散歩―会津若松・町名の由来』〈歴史春秋社、一九九八年〉所収の話を引用者が短く書き直した）

ここでは、謝礼を拒絶した武士に幽霊が「清水」をプレゼントしている。『一夜船』の事例といい、謝礼を受け取らないとは、まさに清廉潔白を旨とした武士の面目躍如であるが、実際はどうだったのであろうか。

ここで、私が重要だと考えるのは、幽霊の助っ人の「身分」である。つまり、幽霊を手助けするのが、金儲けを善とする生活倫理を持つ町人であれば、何の憂いもなく素直に

「金銭」の謝礼を受け取る話となり、士農工商と「商」の世界を下に見る武士であれば拒絶する、もしくは「金銭」以外のモノ、それは「清水」のように金銭では手に入れられないモノがプレゼントされた話に変形されたと捉えることができるのである。

実際はどうであれ、町人の生活倫理、武士の生活倫理にしたがって話は生臭くもなり、清く正しくもなるというわけである。しかしながら、「お金」と「お金では買えないモノ」という対比は、「お金こそすべて」という価値観に支配される都市に暮らす人びとの欲望の有様を如実に表現しているといわざるを得ないだろう。

狙われた悪徳商人

ところで、金儲けの欲望に取り憑かれ、大金持ちとなった商人に関して、どのような怪異譚が語られていたのだろうか。次の事例は幽霊譚ではないが、二種類の枡と秤を巧妙に使い分けて計量をごまかし、暴利を貪っていた豪商の家で起こった怪異である。

昔高知城下に萬々屋といへる豪商あり貪欲無比の男にて大小軽重の二桝二秤を用ひ人を欺き世を欺き竊かに奇利を博せしが其の報にやありけん家に二女あり姉妹共美女なりしも蛇生にて常に水浴を好み夜毎何れの川に通ひ毎夕新に下せし草履の翌朝に至れば其の心体の縄（俗にいふ引緒）のみとなるかくて姉妹は父母に暇を乞ひ許されざりしも身体徐々に蛇体と変じ今は一刻も猶予なり難しと遂に望にまかせ各下男一人

つれ姉は讃岐万多の池に至り水に入り妹は安芸郡佐喜浜村の池ヵ谷と呼べるの釜を心ざし行き見しかども心に叶はざることあり立帰り再び同郡安田川の奥なる逆瀬釜といふに籠り遂に姿をかへ水中に飛入りたりといふ。（以下略。寺石正路『土佐郷土民俗譚』日新館書店、一九二八年）

豪商の行く末は語られていないが、家を継ぐ婿養子を迎え入れる娘たちがいなくなったことから、何やら急速な没落を暗示しているように思える。それはともかく、塀の向こう側の「秘密めいた世界」であった武家屋敷の怪異譚の特徴を敷衍して捉えてみるならば、次のように考えることもできるのではないだろうか。すなわち、豪商の二人の娘が急病（人に知られたくない種類の病いだったのかもしれない）で死亡したか、あるいは、何らかの理由で失踪したような事件があり、それがこうした噂話として語られるようになったということである。豪商の生活もまた、庶民にとっては絶対に覗き見ることのできない世界だったのである。

こうした二種類の秤と枡を用いた悪徳商人への因果応報をモチーフとした説話は、古くは『日本霊異記』上巻第三〇話の二「膳臣広国、地獄にて父の責苦に苦しむを見る」という話があり、中国の仏教説話の影響を受けて成立したとも考えられる。近世では、『片仮名本・因果物語』所収「二桝を用る者、雷に攫まるる事付地獄に落つる事」（中の五）の二話、『諸国百物語』の「二桝をつかいて火車にとられし事」（巻五の二）などがあり、古くから、とかく金儲けに走る商人を戒める、あるいは、悪徳商人を懲らしめるための世間話であったと想像できるが、もちろん、場合によっては、金持ちに対するやっかみや妬みの感情からくる誹謗中傷でもあったことは説明するまでもないだろう。

また、高知の事例で蛇に変身しているのは、本来ならば罪科のない娘たちであるが、金銭に固執するあまり大蛇に変身する僧侶の話に、『日本霊異記』「慳貪に因りて大きなる蛇と成りし縁」（中巻第三八話）や、『片仮名本・因果物語』「僧の魂、蛇と成り物を守る事付亡僧来たりて金を守る事」（下の五）などがあり、金銭欲のあまり蛇に変身するというのも、よく用いられたモチーフであった。

豪商と怪異

公正に商売をしているつもりでも、まったく知らないうちに恨みを買っていることがある。商売に勤しみ、大成功を収めた商人には、敗者の「怨念」が今にも襲い掛かろうと復讐の爪を鋭く研ぎ澄ませていた。そうしたことを如実に示す興味深い事例を、歴史学者の吉田伸之が紹介している。その事例とは、吉田が編纂に参加した『京都冷泉町文書』のなかに書き留められた、没落した井筒屋の土地を買い取った豪商・三井家にまつわる怪異譚である。内容をかいつまんで記してみよう。

一七三二年（享保一七）、京のある神職が三井八郎右衛門の依頼をうけて、「井筒屋之家安寧祈禱」を行なったところ、六月四日以来、毎夜、神職の夢のなかに「身の長八九尺の大坊主」が現われ、祈禱をやめるよう懇願した。大坊主によると、この家には昔から「尊神の咎」と「亡霊の祟り」があり、当主に「短命夭亡」を与え、「魔道」に引き込むことが、自分の願いだと述べる。神職は大坊主の願いが邪悪だといい、理路整然と神仏の教えを述べ、大坊主に戒名を与え、大坊主が退散したところで目が覚めた。

　吉田は、この怪異譚を次のように解釈している。一六世紀末から一七世紀初期にかけて、冷泉町は狭小な店が立ち並ぶ町であった。それが一七世紀半ば頃、両替商や呉服屋など「新しい町人」が進出し、町屋敷が新興商人によって買い取られ、大規模店舗や貸地にされていった。井筒屋は、この新しい町人の先鋒の一人であったと考えられ、住み慣れた町内から追い出された「古い町人」たちが、井筒屋の没落や不幸は、自分たちの怨念のせいだと見たのである。

　勝者と敗者があざなえる縄の如くからまりあい、今日の勝者が明日の敗者になるのが商売の世界である。三井が「現金掛け値なし（薄利多売）」を徹底して豪商に上り詰めたように、貨幣経済の発達により商法が大きく変化した時期においては、商家の浮き沈みがことのほか激しかったと想像できる。「大坊主」の悪夢を見た神職は、井筒屋たちによって排除された古い町人たちの「怨念」を知っていたのであろう。いや、新興勢力による冷泉町の席巻は、京の住民たちの格好の世間話の種になったはずである。それが神職や三井の耳に届かないはずはない。「大坊主」は、吉田の述べるとおり敗者の怨念である。だが、それは古い町人だけにとどまらず、京の住民たちが等しく思い描いた怨念でもあったわけである。

始末・堅固・才覚

さて、商売を始めるにあたって何よりも必要となるのは元手、すなわち資本である。元禄期（一六八八～一七〇四年）の頃は、中世後期から近世初頭にかけて幅をきかせた豪商たちが新しい経済の波に乗ることができず、次々に退場した時期であった。それと入れ替わるように登場したのが、小資本を元手にのし上がっていく商人たちである。井原西鶴の『日本永代蔵』（一六八八年）巻三の一「煎じやう常とは変る問薬」は、大工や屋根葺きが落していく檜の木の切れ端を丹念に拾い集め、それを材料に箸をつくり、卸し売りして「分限者」（大金持ち）となった箸屋甚兵衛のサクセスストーリーである。この人物は幕府の材木御用商鎌倉屋甚兵衛がモデルといわれている。

西鶴は『日本永代蔵』の冒頭で、商売で幸運を得るためには「始末」（節約）、「堅固」（健康）、そして「才覚」（知力）が必要であると述べているが、資本金ゼロの状態から分限者となった箸屋甚兵衛は、まさにその典型的な人物として描かれたわけである。

しかし、元禄の頃を過ぎ、新興商人たちの商売が巨大化し、繁栄を誇る「暖簾」（商家）となると、節約や健康、知力だけでは、大儲けすることや、割拠する豪商たちのあいだに割り込んで、新たに店を構えることが困難な時代が始まることになった。そこで必要なものは、西鶴が「銀が銀を生み出す」と表現したような巨大な資本である。だが、そのような莫大な資金が一般庶民に用意できるわけではないのは、いつの時代でも、誰が考えてもすぐにわかることだろう。では、商人たちは、どのようにして巨大な資本を手に入れたのであろうか。

商売の運と不運

落語に『帯久』という咄がある。東京、上方ともに演じられるが、人間国宝であった桂米朝の口演にしたがって内容を追ってみよう。

大坂に和泉屋という大繁盛している呉服屋があり、主人の与兵衛は人格者で評判の高い人物。その近くに、同じ呉服屋の帯屋があったが、主人の久七は陰気な人物で人気がないため「売れず屋」と陰口をたたかれていた。ある年の一二月、帯屋が和泉屋に二〇両を借りに来たので、酒肴を出してもてなし、気安く貸す。帯久はその金を返済し、次の年には三〇両、さらに翌年には五〇両、また翌年は一〇〇両を借りに来る。

与兵衛「百両。……帯屋さんだいぶ取り引きの高が上がりましたなあ。商いはこうこんと面白うない。うん、ご融通しまひょ」

しばらくして帯久が返済に来たが、和泉屋は蔵屋敷の役人が来ていて忙しい最中で、帳面に返済と記入したが、一〇〇両を置いたまま席を立った。帯久はこれ幸いと一〇〇両の金を懐に入れて帰ってしまう。和泉屋では金がないと大騒ぎになるが、「まあまあ今年の厄落しじゃと思やあ済む」と事を荒立てず、そのままにしてしまう。

帯久は一〇〇両の金を元手に大安売りを行ない、大儲けする。一方の和泉屋はケチのつき始めで、美人で名高い一人娘を麻疹で亡くし、悲しみのあまり母親も病気になり死んでしまう。さらには、商売に失敗し大損害を被り、丁稚から育てた二番番頭に集金で集めた金を持ち逃げされてしまう。あげくの果て、大火に巻き込まれ家屋敷を全焼してしまった。与兵衛はすべてを失い、暖簾分けをさせた、かつての番頭の家に身を寄せて細々と暮らしている。何とか番頭に大きな商売をさせようと、大店になった帯久に金を借りに行くが、悪しざまに罵られ、キセルで額を割られてしまう。もう死んでしまおうと思い、帯屋に放火したところを見つけられ、お裁きを受けることに。（以下略。『米朝落語全集』第五巻、創元社、一九八一年）

その後、奉行の見事な裁きにより、和泉屋は帯久から一〇〇両の金を受け取ることになる。

まず、私がこの咄で興味を引かれるのは、商売がいかに運・不運に左右されるかということである。たとえ評判の良からぬ人物であっても、いったん繁盛し出すと、さらに大儲けという幸運を呼び込む。その逆に、ちょっとしたことで「ケチ」がつくと、転落を止めることは容易ではない。また、どれがケチのつき始めになったのか、誰にもわからないままである。

歴史学者の山室恭子は、『江戸商家・商人名データ総覧』全七巻（田中康雄編、柊風舎、二〇一〇年）に示された七万四〇〇〇件という膨大な資料の解析を通じて、一部に小売商を含むが、ほとんどが問屋（とんや）や仲買（なかがい）といった営業規模も大きく、安定しているはずの店の平均存続年数がわずか一五・七年にすぎなかったという、驚くべき事実を明らかにした。山室が、「目まぐるしく参入と退出がくりかえされ、商人の顔ぶれはどんどん入れ替わってゆく。創業寛永〇〇年、代々の暖簾が受け継がれてきた老舗（しにせ）といった江戸商人について知らず知らず共有されてきた既成のイメージは、いったん白紙に戻さなければならない」と述べるように、たとえ豪商であったとしても、栄枯盛衰はことのほか激しいものだったのである。

和泉屋は決して悪事を働いたわけではない。もし、あえて原因を探し出すならば、蔵に小判がうなっている豪商にすれば、たかが一〇〇両ということで、金を粗末に扱ったということになるだろうか。和泉屋にすれば、「悪運」に取り憑かれた、つまり「ケチ」がついたとしか言いようがなかったのだ。

あるいは、こう考えられるかもしれない。座敷ワラシは特別な理由もないのに、ほかの家に移り住み、貧富が逆転するだけにとどまらず、座敷ワラシに見捨てられた家では、『遠野物語』第一八話のように、七歳の娘一人を残して主従二十数人が茸の毒にあたって死んでしまうこともあった。それと同じように、和泉屋が抱え持っていた「幸運」が、何の理由もなく一〇〇両とともに帯久に移動し、和泉屋が主人一人を残して滅んだのだ。一〇〇両の金は、まさしく座敷ワラシであったわけである。

もう一つ興味深く思うのは、もし帯久が一〇〇両を得ることができなかったらどうであったか、ということである。幸運を呼び込むことになった大安売りもできず、おそらくは、「売れず屋」のままであったにちがいない。商売で大金を手にするには、まず何よりも大金が必要であったことを、この咄は明確に描き出しているのである。

落語『黄金餅』　返済すべき借金の着服という悪辣で不法な手段によって、帯久は大店にのし上がった。しかし、さらに恐ろしい手段で資本を獲得したことを描いた落語がある。戦後、一世を風靡した五代目古今亭志ん生が十八番としたネタの一つで、江戸の「貧民街」を舞台にして、名物の由来を語る『黄金餅』という咄である。

下谷の山崎町に住む西念という坊主は、頭陀袋を下げて江戸中を歩き、もらったお布施を貯めて、きわめてケチに暮らしていたが、ある時ちょっとした風邪がもとで寝込んでしまった。隣に住む金山寺味噌を売る金兵衛という男が見舞いに行くと、あんころ餅が食べたいという。買って来てやると、人が見ていると食べられないというので、金兵衛は家へ帰り、壁の穴から様子を覗き見た。すると、西念は懐からお金がぎっしりと詰まった胴巻きを取り出し、二分金や一分銀を餅にくるんでは食べていたが、餅をのどに詰まらせて死んでしまった。金兵衛は長屋の連中に知らせ、死骸をその夜のうちに麻布絶口釜無村の木蓮寺に運び込み、生臭坊主にでたらめな経をあげさせた。天保銭六枚を支払って焼き場の切手をもらい、寺の台所から鰺切包丁を持ち出して、桐ケ谷の焼き場に行った。西念の遺言だから、腹のところだけ生焼けにしてくれと頼み、翌朝、鰺切包丁で西念の遺骸を突くと金が出てきた。金兵衛はこの金を元手に目黒に餅屋を出し、たいそう繁昌したという。（飯島友治編『古典落語　志ん生』ちくま文庫、一九八九年）

この『黄金餅』は、何とも悪質きわまりない、救い難いような方法で得た金を元手に商売を始め、大繁盛したという筋書きを持つ咄である。「商品を安く仕入れて高く売り、儲ける」ことこそ、商売（商人）の論理である。金兵衛は、あんころ餅の代金と最小限の供養の費用というきわめて安価な金額を大幅に増やすことに成功したのである。誤解を恐れずにいうならば、金兵衛は商人の鑑(かがみ)ともいうべき人物と評価することもできるだろう。

さて、ここで注目したいのは、これほどまでに酷い目にあわされた西念の亡霊が語られていないことである。というのも、次に見る説話には亡霊の姿が描き込まれているからである。

資本の獲得と犯罪

一七〇七年（宝永四）刊行の『諸国因果物語』（別名『近代因果物語』）巻一の一「商人(あきんど)の銀(かね)を盗て後に報し事」という話がある。

元禄三年（一六九〇）頃、河内国の農民の弥右衛門は、畑仕事を終えて家に帰る途中、大窪村近くの追頭越(おうとうごえ)で木綿仲買人の喜介を鋤(すき)で殺し、金を奪い取って裕福になる。しかし、七年後、災難が続いて貧乏になったため、金を借りての帰り道、かつて強盗殺人を行なった場所を通りかかったところ、自分の名前を誰かに呼ばれたので振り返ると、喜介の髑髏が現われて恨みを述べるが、それを捨て去って帰った。ところが、その様子を庄屋たちに見られてしまい、罪が露見して奉行所に訴えられ死罪となった。悪い行ないには必ず罰が下されるという「因果応報」の考え方が明確に示されている。

また、『金玉ねぢぶくさ』巻五「現業(げんごう)の報」は、殺害された者の「怨念」が原因となった二重の因果応報が記された話である（図38）。

図38　商人法師を殺して大金を奪う休円（『金玉ねぢぶくさ』巻5より）

貞享（一六八四〜八八年）の頃、広島に「大坂や休円（きゅうえん）」という俗人のまま仏門に入った豪商がいた。一三歳になる一人息子の些細な悪さをとがめて勘当してしまい、他人を養子にして、それに嫁を迎え、夫婦ともに法体（ほったい）となり熱心に信心していた。

息子は親戚の援助で江戸に行き、そこで僧侶となり出世し、金持ちとなった。両親に、生きているあいだに会いたいとの手紙を何度も送るが拒絶される。京都で綸旨（りんじ）を受け取る用事があったついでに広島に行き、親戚のとりなしもあって、ようやく親子の対面を果たした。息子が帰って一〇〇日ほど経った頃、江戸から捕縛の役人が来て、休円夫婦を江戸に召し連れて行くことになった。何かの間違いだと大騒ぎする親戚の者たちに、休円が因果の道理は逃れ難いと語って聞かせたのは、次のような話であった。

休円が若い時分、数々の悪行をなし、親から譲られた金銀財宝を使い尽くしてしまい、親類にも疎んじられたため、江戸に出て一〇年間あまり暮らしたが、一銭の貯えもできないままだった。故郷の大坂が懐かしくなり、中山道を袖乞いしながら大坂に戻る道中、大金を持った「高野ひじりの商人法師」が眠りこけている姿を見かけた。一度は止めたが、「未来は無間奈落へ堕ちるなら、それでもかまわない。可哀想だが彼を殺し、これを元手に金を稼ぎ増やして、供養をして未来の罪を軽くするのだ」と思い、殺害して三五両を奪い取り、大坂に戻って商売に大成功した。その後、男の子が生まれたが、これが殺した法師そっくりの顔で、勘当したのも、自分を睨みつける眼が、法師が死ぬ間際の目付きと同じで、このままでは殺されてしまうと思ったからである。この度、江戸に召されるのは因果の報いである。そのように休円の語ったとおり、僧侶である息子が重罪を犯したため、休円夫妻も連座で捕えられ、息子ともども打ち首になった。

先の『諸国因果物語』とともに、これは、商人や六部、薬売りなど、旅の者を殺害して所持金を奪ったことにより家が富裕化するという内容を持つ「異人殺し」伝承に分類することができる説話である。小松和彦が明らかにしたように、「異人殺し」伝承は、村内のある家が急速に富裕化した理由を説明するために、悪意を持った噂話や伝説として語られたものである。そうすると、後者の説話は、「異人殺し」の都市バージョンと位置づけることができるだろう。しかしここで、村の内部にも「マチ」があったことを思い出すならば、ことさら語られた地域を区別する必要はないはずである。さらに、殺した法師そっくりな子どもが生まれるという筋立ては、夏目漱石が『夢十夜』の第三話に用いたことで有名な「こんな晩」型に含まれる説話で、多くの類話がある。

ドイツの社会学者ゲオルク・ジンメルによると、ヨーロッパでは中世から一九世紀頃まで、下層階級の庶民は、莫大な財産を持つ富豪は何か不正を行なうことによって富を得た、どこか気味の悪い人物と考え、大富豪で名高いグリマルディ家やメディチ家、ロスチャイルド家の財産の起源について、きわめてひどい怪異譚を流布したという。

私たちは、近世日本の都市社会においても、落語や説話から「盗み」「死体の解体」そして「殺人」という手段で、商売の資本を獲得していたことが確認できるわけである。もちろん、それらがすべて「事実」としてあったということではない。競争に敗れ去った商人、かつての仲間が大店に成り上がっていく様子を、ただ指をくわえて見るしかなかった小商人たち、また、栄華を誇ったさしもの大店が「不思議にも」没落していく様子を見た人びとが、資本獲得の裏に秘められた悪行を想像し、そしてその「因果応報」としての没落と理解して、それらを「真実」として噂しあったということなのである。

怨霊のいない世界

さて、先に、『黄金餅』の咄で酷い目にあわされた西念の亡霊が描かれていない点を指摘した。この『黄金餅』に限らず、『らくだ』などを見ても、近世に京、大坂、江戸で発展した落語に登場する死者は幽霊にならず、幽霊が現われたとしても、まったく祟ることはない。落語の世界の死者や幽霊は怖いものではないのである。

それは、落語が「笑い話」だからという理由だけではない。ことさら重要なのは、落語で演じられる咄の主な舞台が、三都の片隅にあった「長屋」だということである。三都は貨幣経済の中心であり、だからこそ、貨幣経済から落伍した者たちが住む「貧民窟（ひんみんくつ）」が生み出された。現代の消費社会と同じく、貨幣経済の社会でも、人びとのさまざまな欲望こそが幽霊を生み出す。しかし、長屋暮らしの貧しい住民には、欲望はほとんどありえなかったと考えられるはずである。つまり、長屋はこれより下はない世界、すなわち、この世での欲望や執着心を完全に取り去った場所であるため、怨霊によって怨恨や恐怖を表現する必要がまったくなかったのである。

たとえば、『らくだ』の最大の見せ場、笑い所は次のようなところである。

> らくだとあだ名される乱暴者が死んでいるのを、らくだの兄弟分が見つけ、葬式をしようと思うが、らくだの財産はまったくなく、兄弟分も一文無しである。家主に酒と肴をねだって通夜をしようとしたところ、「家賃を二年間一文も収めていない」と断られたため、腹いせも兼ねて、らくだの死骸を背負って家主のところに乗り込み、カンカンノウの唄にあわせて、らくだを踊らせる。驚いた家主は早速酒と肴を持って行くと約束する。

家主はたんに驚いたのではあるまい。そうではなく、これが「ケチ」のつき始めとなって、家主の地位を失うことを恐れ、それ以上に、葬式さえ出してもらえなかった「らくだ」が怨霊となることを恐れたのだと、私には思えてならないのである。

長屋の住人は、死者や幽霊をまったく恐れることはない。だが、それは逆に、家主のような、都市社会に住む中層以上の人びとの貨幣への欲望と執着心の凄まじさをあぶりだすものだといえるのではないだろうか。そうすると、名物「黄金餅」によって豪商となった、つまりは上流階級に上り詰めた金兵衛は、西念が怨霊となって祟らないように、金に糸目をつけず末代にいたるまで入念に供養し続けることになったと想像できるだろうし、もし、金兵衛の店が没落することがあれば、周囲の者によって、西念の怨霊譚が語られることになったと考えられるだろう。

引っ越しと化物屋敷

本節の最後として、あと二点、幽霊を生み出す都市特有の習俗と現象について、簡単に触れておくことにしよう。

武士の世界でも屋敷替えがあったが、都市の商人や職人たちは収入の増減にあわせて、よりよい条件の家に頻繁に「引っ越し」をした。村では、一〇〇年以上も同じ家に住み続けることが珍しくないことに対して、上方落語に『宿替え』（原話は一八三〇年〈天保元〉、京で出版された『噺栗毛』の「田舎も粋」。東京落語では『粗忽の釘』）という咄があるほど、引っ越しは都市特有の習俗であり、庶民にとっては日常茶飯事であった。

『耳嚢』巻六に「執心の説間違とおもふ事」という、前章で、怖い幽霊の姿や「屏風闚」の説明で用いた話がある。

信州出身の医師が下品な「食売女」（飯盛女）を妻にしていた。同じ在所の者の娘が病気になり治療していたところ、その娘と関係を持つようになり、妻は深く歎き悲しみ、夫の脇差で咽喉を突いて自殺してしまった。医師は妻を丁重に葬ったが、その家に住むのも嫌になったので、他所に移り住むため家を売りに出したところ、座頭夫婦が購入し住み始めた。ある夜、女房が目を覚ますと、青ざめた顔色の女が両手を屏風の上にかけて夫婦を覗き見ている。夫は心の迷いだというが、三日続けて同じことが起こったので、家を売った店の者に話すと、医師の妻が自殺したことがあったというので恐ろしくなり、早々にそこを引き払い転宅した。（以下略）

また、巻九にも、幽霊とも妖怪とも見分けがつかない不気味な女が現われたため、他人に家を譲り渡したという「房斎新宅怪談の事」がある。

こうしたように、「引っ越し」は、かつてその家に住んでいた「赤の他人」の人生や死といった過去と交差する行為であると捉えることができる。つまり、そうした皆目見当もつかない他者の生活史が「化物屋敷」を発生させる源となっていたわけである。

無縁仏

このような怪異が続くと、家の借り手はなくなり、壁はボロボロに崩れ、畳は腐れ落ち、昼間でも気持ちの悪い場所となる。『耳嚢』の事例では、丁重に葬式を行なったようであるが、妻の霊は成仏を果せないままである。この後、妻は誰の記憶からも消え去り、「無縁仏（むえんぼとけ）」となってしまうのである。

（高知市の）中島町の中程の北側に、一軒のみすぼらしい四方棟の家があった。その家は大きな松の木が屋根を突き抜け、道のまわりには寒竹や梅の古木がいっぱい生えており、昼でも狸の出そうなところだった。

私（話者）の曽爺が若い頃、家の者が止めるのも聞かず、ある雨の降る夜に、この家に泊まりに出かけた。カビ臭く、畳が腐った部屋のなかに、誰が使っているものなのか、木枕が一つ転がっていた。夜もふけてきたので南枕にして眠っていると、胸を押さえつけてくる者がある。「誰だ」と見たが、誰もいない。そのとき、節穴から風が吹き込んでロウソクの火が消えてしまった。眠ると、また胸を押さえつけられる。胸に手をもっていくと、妙にねとねとしたものにさわる。跳ね起きて、手探りでロウソクの火をつけようとしたとき、枕が北向きに変わっていることに気づいた。そのとき、ゴーッとうなりがして家が動いた。手探りで体を松の木の方へ寄せていったところ、生臭いのものが手についた。風もおさまったのでローソクに火をつけて見ると、手のひらに血糊（ちのり）がべったりとついていた。驚いたが、度胸を決めて腰を据えることにした。しばらくすると、腰をかけていた枕がずるずると動く。「お前は誰だ」と聞くと、悲しそうな女の声で「あなただから話すが、私は、昔ここのお爺さんに雇われて奉公に来ていた者である。嫁に行くことになったが、お爺さんがどうしても暇をくれない。どうしてもやめるというと、がんじがらめに縛られ、ここの松の木に逆さ吊りにされ斬り殺されてしまった。あなたが肝のすわった人なので苦しい胸のうちを知ってもらおうと思った」というなり、ふっと声が聞こえなくなった。暗闇をすかして見ていると、ざんばら髪の物凄い形相をした女の生首が宙に浮かんでいたので、肝をつぶし、転がるようにして外へ飛び出した。(市原麟一郎編『日本民話―土佐のお化けばなし』〈講談社、一九七五年〉所収の話を引用者が短く書き改めた)

近世も現代と変わらず、都市やマチは近隣の村などほかの地域から仕事を求めてやって来た者が多く住む場所であった。柳田国男(やなぎたくにお)をはじめ多くの論者が指摘するように、都市は田舎からの移住者によって形づくられ、巨大化してきた。これら移住者のほとんどは単身者であった。故郷とのつながりが切れた彼らが、家族を持たないうちに、他人に知られることなく命を落とした場合には、祀り手のいない「無縁仏」となってしまったのである。そこで、自分の死因を聞いてくれ、祀り、成仏させてくれる者を探し求めて、幽霊となって姿を現わすというわけである。この事例はこのことをよく示している。

さらに、右の事例からもわかるように、都市での「無縁仏」にまつわる怪異譚は、不可思議な出来事があったため呼ばれた宗教者が占いなどを行ない、過去の忌まわしい事件を明らかにする、ということではなく、豪胆な者が「化物屋敷」として恐れられている家を訪れた際に幽霊に出会うといったパターンの話が多いことが注目に値する。村とは異なり、都市では無人の家が数多くあったことから、誰も住まなくなった荒れ果てた家は、宗教者が出るまでもなく怪しい場所として人びとに認識され、それが幽霊譚を生み出す背景となったのである。

女たちの復讐——「妬婦譚」再考

ハーンの驚き

小泉八雲ことラフカディオ・ハーンに、およそ次のような内容を持つ、「破約（はやく）」という作品がある。

臨終を迎えた妻に対し、夫は武士の信義にかけても再婚はしないと誓った。妻は庭の隅の梅の木の側（そば）に埋めて欲しいと頼み、さらに小さな鈴を一つ所望し、亡くなる。しかし、妻の死後一年も経たないうちに、男は親戚や朋輩（ほうばい）からしきりに勧められ、一七歳の女性と再婚することになった。

結婚後八日目の夜、夫は城中に出仕しなければならなくなり、新妻は一人家に残された。丑（うし）の刻（とき）（午前二時）の頃、チリンチリンという鈴の音が鳴り、その音が近づき、経帷子（きょうかたびら）を着た乱れ髪の女が、鈴を手にして部屋に入って来た。その女には目がなかった。女は「この家にいてはならない。まだ私が主婦なのだ。出て行っておくれ。だが、出て行く理由は誰にも話してはならない。もしあの人に話したら、そなたを八つ裂きにする」といって消えた。そして、次の夜にも女の幽霊が現われ、同じことを告げた。

翌朝、結婚したばかりの新妻が里に帰りたい、離縁してくれなければ命がなくなると嘆願するので、夫は驚き、はっきりとした理由がなければ離婚はできないと答えると、妻は二晩続けて起こった出来事を打ち明けた。夫は、今夜も城に詰めなければならないので、屈強な二人の家来に見張りをさせることにした。しかし、また丑の刻になると鈴の音が聞こえたので、妻ははね起き、家来のところに行くと、二人とも凍りついたように動かなかった。

明け方になって夫が妻の部屋に入ると、妻の首のない死体が転がっているだけで、家来たちは眠ったままで、主人の叫び声にようやく目を覚ました。三人が血のしたたった跡をたどって庭に出ると、庭にある墓の前に、片手に鈴を、もう一方の手に新妻の生首をつかんだ先妻が立っていた。家来の一人が念仏を唱えながら刀で斬りつけると、先妻の姿はぼろぼろの経帷子と骨と髪の毛の破片となった。しかし、骨ばかりの右手は手首から斬り落とされたが、血のしたたる首をつかんで放さず、引きむしり、ずたずたにしていた。

ハーンは、こうした内容の話を記した後に続けて、次のように慨嘆する文章を書いている。

「これはひどい話だ」とわたしは、この話をしてくれた友人に言った。「その死人の復讐は、――いやしくも復讐するのなら――男にむかってやるべきだったと思います」

「男たちは、そう考えるのですが」と彼は答えた。「しかし、それは女の考かたではありません。……」

友人の言うことは、正しかった。（田代三千稔訳『怪談・奇談』角川文庫、一九五六年）

先に記したように、先妻（前妻）を「こなみ」、後妻を「うわなり」と呼び、「こなみ」の「うわなり」への強い嫉妬心を「うわなり妬み」といった。また、「うわなり打ち」という前妻による後妻への暴力は、近世の初期頃まで実際に行なわれていた。こうした習俗を想起し、「破約」もまた「うわなり妬み」の表現の一つであると解釈することができるかもしれない。ハーンが日本に滞在した明治二〇～三〇年代は、まだ近世の記憶が生々しい時代であり、ハーンの友人は「こなみ」と「うわなり」の関係性を説いたとも考えられる。

ハーンの友人は先妻の恨みと妬みは「後妻」にだけ向かうと説明したが、近世の説話のなかには、後妻だけにとどまらず夫をも殺害するという話がある。『諸国百物語』の「豊後の国何がしの女房死骸を漆(うるし)にて塗りたる事」(巻二の九)を見てみよう。

男の首に食らいつく先妻

豊後の国のある男の妻は、自分が先に死んでも決して再婚しないでくれと夫と言い交わしてきた。その妻が病気にかかり、今わの際に、腹を裂き内臓を取り出して、なかに米を詰め、体の表面を漆で塗り固め、鉦鼓(しょうこ)を持たせて持仏堂に祀り、朝晩念仏をあげて欲しいと頼むので、夫は妻の遺言通りにした。その二年後、男は再婚することになった。

夫の外出した夜、鉦鼓の音が聞こえ始め、次第に近づいて来る。そして、後妻の前に、顔から下は真っ黒で鉦鼓を持った一七、八歳の女が現われ、「私が来たことは夫に告げるな」といって立ち去った。

翌日、後妻が実家に帰らせてくれと懇願する。夫が理由を尋ねたので、昨夜の出来事を話すと、狐に誑(たぶら)かされたのだろうと相手にしない。四、五日の後、夫の留守中の夜、部屋にいた女たちは眠りこけてしまったが、後妻は眠らずにいたところ、また、鉦鼓の音とともに、あの女が現われ、約束を破ったことを責め、後妻の「くびをねぢきり」、持ち去ってしまった。夫が帰ってくると、女たちが目の前で起こったことを口々に語る。夫が驚いて持仏堂を開けると、漆塗りの先妻の前に後妻の首が置いてある。夫がお前は卑怯者だといって仏壇から引き下ろすと、先妻は目を見開き、夫の喉(のど)笛(ぶえ)に喰いついて殺した。

『諸国百物語』の話のほうが怪奇性に富んでいるが、鈴や鉦鼓の「音」とともに怨霊となった前妻が現われ、後妻のまわりの者が身動きできなくなり、怨霊が後妻の首をねじ切るというように、二つの話のストーリーはまったく同じといってよいだろう。

近世の女性は嫉妬深かったのか？

こうした、夫（男性）をめぐって先妻と後妻のあいだ、あるいは、正妻と妾（愛人）のあいだに生じる嫉妬心を描いた説話は、日本文学や民俗学の説話研究の領域では「二人妻譚」や「妬婦譚(とふたん)」として分類されるほど豊富な資料がある。

男性優位の近世社会にあって、正妻が妾を呪い殺したり、女性が愛した男性の首に嚙みついて殺すほどの激しい愛憎の感情は、歌舞伎や浄瑠璃、説話、小説といった「創作系」の怨霊譚のテーマ、モチーフにとどまらず、格好の世間話、ときには笑い話のネタとして、これ以上のものはあり得なかったのであろう。そのため、「民俗系」の世間話などと「創作系」の諸作品の相乗効果により、当然男性にも嫉妬心があるにもかかわらず、「嫉妬深さ」が女性特有の感情として強調され、老若男女を問わず、自明のものとして受け入れられてきたと捉えることができるようにも思える。

しかしながら、ともすれば忘れられてしまうのは、近世の文芸・芸能の作者と演者は男性であり、作品に描き出された女性像は、あくまで男性の視点でつくられたということである。女性の嫉妬は、裏を返せば、「女性にもてる」ということであり、もっと極端に表現するならば、女性の嫉妬心は男性の理想ともいえるはずである。

では、本当に近世の女性たちは嫉妬深かったのだろうか。それほどまでに、男性が夢想する理想をかなえてくれるような存在だったのだろうか。もちろん、たとえば、夫の浮気相手を激しく憎んだ妻が落ちる「両婦(ふため)地獄」を説く仏教思想などが影響を与えたことも無視はできない。しかし、男女間に限定するならば、「嫉妬」という感情は、男性をめぐる複数の女性という現実的な「対人関係」のなかから生み出されるものである。したがって、宗教思想の影響とは別に、「嫉妬」を生じさせる社会システムあるいは社会構造にも注意すべきだと思えるのだ。そこで、「二人妻譚」「妬婦譚」と包括され、「女性の嫉妬」と名づけられた袋のなかに放り込まれたままにされている説話群を外に取り出して、そこにいったい何が描かれているのかを確認したうえで、新たな解釈を試みてみることにしたい。

「妬婦譚」の内容と構造

私が手元に集めた妬婦譚を、「前妻と後妻」、「本妻と妾」の二つのパターンと、それぞれに「子どもの有・無」という枠を設けてみると、次のように一〇のタイプに分類することができる（図39）。順に見ていくことにしよう。

まずⒶのグループは、「前妻」と「後妻」の正式な妻が登場する話であるが、ほとんどの場合、「前妻」が死亡したために「後妻」を迎えるという前提となっている。

このグループは、死亡した前妻が怨霊となって超自然的な力で後妻を殺害する話と、その逆に、後妻が前妻を取り殺すという話の二つのタイプに分けることができる。前者のタイプに、ハーンの「破約」、『諸国百物語』の漆で塗り固めた前妻の話が入るのはいうまでもない。これをⒶ①タイプとする。

後者をⒶ②とするが、通常、正式な妻の座に収まった後妻が前妻を呪い殺すことは考えられないし、先に述べたように、説話のパターンとして前妻はすでに死亡しており、このタイプは理論的に想定できるだけである。ただ、『耳嚢（みみぶくろ）』の「赤阪与力の妻亡霊の事」（巻の九）では、後妻が亡くなった前妻に対してははなはだ強い嫉妬心を抱き、前妻の位牌を木端微塵（こっぱみじん）に打ち砕いてしまう。これは、象徴的なレベルで前妻を殺害したということであり、そのため、前妻の祟りにより後妻が病気で死ぬという内容の話で、例外的な事例と

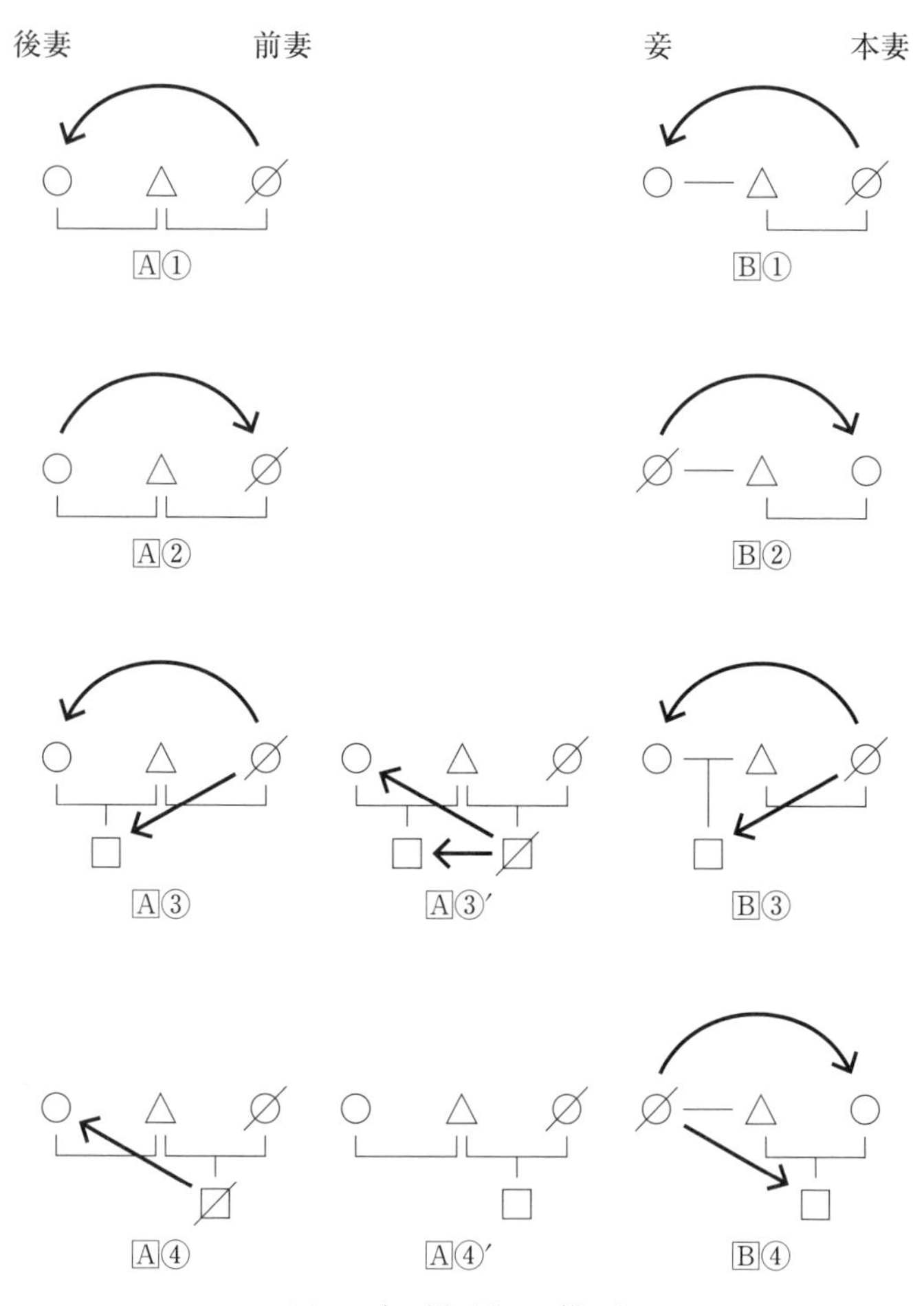

図39　妬婦譚の構造
（注）矢印は超自然的な力で取り殺す人物を示す。

いえよう。

Ⓐ①とⒶ②のタイプでは子どもが生まれていないが、子どもの存在を付け加えると、Ⓐ③「後妻の子ども」、Ⓐ④「前妻の子ども」の二つのタイプを想定することができる。まず、Ⓐ③タイプの説話として、『諸国百物語』巻五の一六「松ざか屋甚太夫が女ばうはなりうちの事」があげられる。

甚兵衛は妻の嫉妬深さに嫌気がさして離婚し、近所に住む美人の娘を後妻にした。後妻はほどなく懐妊し、出産して七日目の夜、産所（さんじょ）にいたところ、「白き帷子に白き帯をして、髪をさばき細眉」をした一八、九歳の女が後妻を見てにこにこと笑うかと思うと、きっと睨みつけたので、後妻は気を失ってしまった。その後、三〇日ほどすぎて、後妻が寝ているところに例の女が現われ、恨みを述べて、背中を「ほとほと」叩いて消え失せた。それより後妻は患いつき、ついに亡くなってしまった。前妻の執心が現れたのである。

後妻の前に現われた前妻は生霊ではなく、服装や髪形などから死者の霊であると判別できる。話では説明されていないが、夫に捨てられたことを苦にし、世を儚（はかな）んで自殺したのかもしれない。そして、怨霊となって後妻を殺害したのである。また、この話では生まれたばかりの子どもは無事であるが、以下に示す事例から、ほどなく前妻の怨霊によって殺されることが予想される。

さて、このⒶ③タイプは前妻が出産した後妻を恨んで抹殺した、つまり、前妻の視点から描かれた説話であるが、これを反転させて、後妻の立場から話を始めるタイプの説話がある。それは、前妻の子どもという「邪魔者」がいた場合である。

たとえば、『善悪報ばなし』の「死したる子来り、継母を殺す事」（巻一の一二）は、後妻が前妻の子どもを邪険（じゃけん）に扱って飢え死にさせ、これで夫とのあいだに生まれた子どもがおり安泰だと思っていると、前妻の子どもの亡霊が現われ、後妻とその子どもを取り殺してしまうという話である。こうしたタイプの説話をⒶ③′としておこう

続いてⒶ④タイプの話である。井原西鶴『西鶴諸国はなし』巻五「執心（しゅうしん）の息筋（いきすじ）」は、後妻には子どもがおらず、夫が死んだのをよいことに、勝手気ままな生活を送ることを考え、前妻の子ども三人を次々に殺したため、長男の怨霊が息を吹きかけて継母を焼き殺すというものである（図40）。

Ⓐ③、Ⓐ③′と同じように、Ⓐ④タイプでも子どもが殺害されているが、『太平百物語』巻四の三五「三郎兵衛が先妻ゆうれいとなり来たりし事」は、「執心の息筋」とはまったく逆の内容を示している（図41）。

妻が亡くなる際、子どもを育てるために後妻を取ることを望む。男は一人で子ども

図40　継母を焼き殺す幽霊
（『西鶴諸国はなし』巻5より）

図41　祝言の夜に現われた幽霊
（『太平百物語』巻4より）

を育てていたが、親類の強い勧めで再婚することになった。祝言の夜、男の前に前妻の幽霊が姿を現わしたので、男は新妻に、「前妻の望みもあってお前を後妻に迎えたが、前妻の恨みが深いため幽霊となって現われた。お前にも祟りがあるかもしれないので別れてくれ」というと、後妻に前妻の死霊が憑依して「口走り」の状態になり、我が子を育てるために後妻を迎えてくれたことが嬉しいのだと話した。

『耳嚢』にも、後妻の前に現われた前妻の幽霊に対し、この子はきっと大事に育てるので安心しろというと、嬉しそうに笑って消えたという内容の「英心ある女の事」（巻の一〇）がある。こうしたように、後妻が前妻の子どもをしっかりと育てることを約束するタイプの説話群をⒶ④′とする。

次に、正式な妻と妾のあいだの確執を描いた「妬婦譚」の分類である。これをⒷグループとして、Ⓐグループと同じように子どもの有・無でさらに分けてみよう。

Ⓑ①のタイプ、すなわち、妾によって殺された本妻が怨霊となって妾を殺害するのは、舟の上で逆立ちする幽霊が登場する『諸国百物語』「端井弥三郎ゆうれいを舟渡しせし事」などをあげることができる。この逆のⒷ②タイプは、正妻によって殺された妾が怨霊となり本妻を取り殺すという話である。これには、やはりすでに示した『片仮名本・因果物語』「下女死して、本妻を取り殺す事」の逆立ちをする幽霊などがある。

B③のタイプ、夫と本妻とのあいだに子どもはいないが、妾が子どもを産んだ場合はどうであろうか。『諸国百物語』「西江伊予の女ばうの執心の事」（巻二の一五）は次のような内容である。

夫の女癖の悪さに怒り狂った嫉妬深い本妻が、死んで一日二日のうちに夫の伊予殿を迎えに来ると言い残して、恨み死にする。葬儀の三日後、厠に行った伊予が目玉をくり抜かれて死んでいた。妾の子どもが伊予の跡を継ぐと、家が凄まじい音をたてて揺れ、戸や障子がはずされたうえに投げ捨てられ、異様に家が荒れ果ててしまった。そこで、その子どもが本妻を弁財天として祀り上げると、騒ぎは鎮まったという。

この話では、珍しく本妻が妾ではなく、夫を最初に殺害している。妾の息子の機転で本妻の霊を祀り上げたため怒りは収まったが、もしそうでなければ、妾とその息子も怨霊によって殺される運命であったと想像できる。というのも、妾を激しく憎む本妻が、死後、怨霊と化して妾の首をねじ切り、さらに妾の二人の子どもを殺すという話が『曽呂利物語』「女の妄念怖ろしき事」（巻四の七）に見えるからである。

B④タイプは、本妻とのあいだには子どもがあるが、妾はまだ子どもを産んでいない場合である。これも先に示した『曽呂利物語』「人をうしなひて身に報ふ事」（巻一の六）が典型例としてあげられる。本妻によって殺害された妾の怨霊が、大きな岩を落として本妻の子どもを殺し、引き続いて本妻の一門が滅び、それを嘆き悲しむ本妻が早晩死ぬであろう重い病気にかかるという話である。

ここで、Bグループでほかに想定できる説話のタイプについて説明しておきたい。まず、本妻、妾ともに子どもを産むというB③′タイプが考えられるが、正妻の死後、妾が正妻の座に収まるとA③′タイプに変化するし、そもそも、本妻が先に子どもを産むとB④、妾が先に産むとB③のタイプとなる。次に、妾が死亡した正妻の子どもを殺すというタイプ、その反対に、子どもを育てるというタイプは、妾が後妻となると、それぞれA④、A④′タイプへと移り変わる。また、B③の逆に、本妻が妾とその子どもを恨んで殺害すると、本妻の子どもの有・無でB④もしくはB②タイプとなり、同様に、B④の逆に、妾が後妻になることを企んで本妻と子どもを殺すと、やはり妾の子どもの有・無でB③あるいはB①タイプに変化する。こうした理由により、以上あげたタイプの事例はすべて省略することにしたい。

もちろん、すべての「妬婦譚」を網羅したわけではないが、以上のように「妬婦譚」の多くは、理論的に想定できるだけのA②タイプを除き、右に示したA①からB④、およびA③′とA④′の計九つのタイプのいずれかに収めることができると思われる。また、九つのタイプはそれぞれが閉鎖されたものではない。先に示した変化のパターン以外にも、たとえば、Ａ④′タイプで示される後妻は実に心優しいが、後に子どもが生まれ、実の子どもを跡継ぎにしたいという欲望や邪念が生じるとＡ③′タイプの説話へと変換されることになるし、Ｂ③タイプの妾が後妻に収まるとＡ③タイプの説話に変換され、さらに、夫が再び妾を持つとＢ④タイプの説話になるなど、別のタイプに変換し得るものである。では、私たちはこうした動態的なモデルから何を見出すことができるだろうか。

「家」破壊のフォークロア

それぞれの話を個別に読んでいるときにはまったく気がつかないのだが、このように説話をあらためて分類しなおしてみると、女性同士にとどまらず、子どもたちまでも巻き込んで、凄まじいばかりの殺人を驚き呆れるほど繰り返していることがわかるであろう。もちろん、因果応報の理(ことわり)を説くことと、読者の興味を強く引くことを目的とした説話であるため、現実的にはあり得ないストーリーを飽きることなく繰り返し描いたと考えられるかもしれない。

しかし、いかに創作された説話とはいえ、こうした殺人譚のモチーフを女性の「嫉妬心」と簡単に括ってしまうことは、いかにも無理があるように思える。現代の私たちにはわからなくなっているが、当時の人びとには了解可能であった何らかの「理由」があると見ることはできないだろうか。ここで、二〇二ページの図39に示した、誰が誰を殺すのかという点に注目するならば、「妬婦譚」が共通に持つ特徴が見えてくるはずである。

すなわち、心優しい後妻によって前妻の子どもの養育が期待できるⒶ④′以外の八つのタイプの説話が指し示しているのは、跡継ぎの殺害、つまりは、「家」の破壊ということである。子どもの存在が描かれていない三つのタイプのうち、Ⓐ①とⒷ②のタイプは、子どもが生まれる前に前妻と後妻、正妻と妾が殺し合っており、妾から正妻になる場合も想定できるⒷ①タイプは、死亡した正妻が、妾が妊娠・出産する前に取り殺すことで間接的に跡継ぎを殺害したと見ることができる。いずれも、未然に「家」の存続を阻（はば）むための殺人だったのである。

この「家」の破壊という特徴に着目して、まず、「破約」などⒶ①タイプの説話の続編を考えるとするならば、一六七二年（寛文一二）下総国岡田郡羽生村（現・茨城県常総市）で実際に起こった事件を書き留めた『死霊解脱物語聞書（しりょうげだつものがたりききがき）』（一六九〇年）が参考になる。婿養子である与右衛門（よえもん）が妻の家の財産を自分のものとするため、最初の妻である累（かさね）を鬼怒川に突き落として殺害し、その後、六人の後妻を迎えたがすべて死亡する。その理由は、最後の妻が産んだただ一人の子どもである菊に累の死霊が取り憑き、菊が苦しみにのたうちまわりながら、「我が怨念の報ふ所、果して汝（なんじ）がかわゆしと思ふ妻、六人をとりころす」と口走りしたことから明らかになる。こうした、消えないどころか、ますます激しさを増す累の怒りからすると、「破約」の夫が、次にまた新たな後妻を迎えても、最初の妻によって取り殺されることが推測できるのである。

また、菊の苦しむ様子を見かねた名主（なぬし）が、怨む相手は与右衛門なのに、なぜ菊を苦しめるのか、と当然ともいえる疑問を投げかけると、菊は「私が与右衛門に取り憑いて責め殺すのは簡単だが、菊の苦しみを見せつけることで与右衛門を悲しませ、一生の恥をかかせて私の怨念を少しは晴らすため、また、みんなに菊の苦痛を見せて憐（あわれ）みの心を起こさせ、私の菩提（ぼだい）を弔（とむら）わせるため」などと口走る。これはまことに重要なことで、A①タイプにそくして言い換えるならば、夫一人を生かし続けて後妻を次々に殺すと、夫の苦しみや悲しみはたんに殺されるよりも深いものとなり、先妻の成仏を願う、すなわち、夫の心が最初の妻だけに向くことになるというわけである。

それと同じように、B①、B②タイプも、男が再婚したり、新たに妾をつくったならば、死亡した本妻もしくは妾の怨み心が再び呼び覚まされて、殺人を繰り返すことが予想されるだろう。つまり、男が跡継ぎの子どもをつくることを断固阻止するのである。

こうしてみると、A④′タイプの後妻が前妻の子を慈（いつく）しんで育てることが、いかに例外的で困難なことであったかが浮き彫りになってくるはずである。実際の生活では、後妻が前妻の子どもを養育することは決して珍しいものではなかっただろうし、立派に育て上げることも少なくはなかったであろう。しかし、後妻の子どもはそのままでは決して「家」

の跡継ぎにはなれず、場合によっては日陰者（ひかげもの）として悲惨な生活を送らざるを得ないこともあったのである。そうしたことから生まれ出る後妻の心情をⒶ③′タイプの説話から推察できるのである。

さらに、このように「家」の後継者の問題にまで視線を延ばすならば、たとえば、『片仮名本・因果物語』「嫉み深き女、死して後の女房を取り殺す事」（上の六）で、夫、前妻の子どもと暮らす後妻が何ら悪事を働いていないどころか、悪心を持ったことさえ記されていないにもかかわらず前妻に取り殺されてしまうことの、説話のなかにはいっさい語られていない意味を、タイトルの「嫉み深き女」に惑わされることなく、より深いレベルで理解することができるはずである。

以上のように、「妬婦譚」で先妻と後妻、正妻と妾、さらには子どもたちをも巻き込んで殺し合うことは、もちろん、男をめぐる嫉妬の感情もあったにはちがいないが、それよりも、「家」の滅亡を意図したものであったということなのである。

「家」の浸透と定着

「家」は、「家業」や「家財」、武士の「家禄（かろく）」（報酬）などの言葉に表現されるように、子孫が代々の仕事や財産を受け継ぎ、それらを発展させていくための集団を意味している。そのため、「家族」が、何人家族というように、生計をともにしている「現在形」の血縁者を指すのに対して、「家」は、結婚式や葬式で「○○家」と記されるように、生計をともにしない祖父母や親族、死者や先祖、場合によっては、これから生まれてくるであろう子ども（孫）をも含む言葉として、現代の私たちも用いているわけである。

この「家」の形成、成立は中世後期に遡（さかのぼ）るが、それは上流階層の貴族や武士に限定されたものであり、歴史学の研究によると江戸時代が始まって約一〇〇年のあいだに、都市だけでなく農山漁村の諸階層にも広がったとされる。

町人の世界では、井原西鶴が一六九四年（元禄七）刊行の『西鶴織留（さいかくおりどめ）』巻五のなかで、「家はんじやうの心のいさみよりなれば、只世をかせぐ事をもつぱらにして」、すなわち、家の繁盛こそ心の励みになるのだから、ひたすら家業に励むことこそ町人の心得であると説いている。町人社会でも、すでに元禄期において「家」の制度が定着し、ひたすら守り育てるものとして浸透していたと捉えられるだろう。

「家」が生み出す女たちの怨念

この「家」の存在と永続の核となるのが、西鶴が『日本永代蔵（にほんえいたいぐら）』のなかで、「我夫婦よりはたらき出し」（巻四）とか、「夫婦もろともに、一夫一婦というき（憂き）時を過ぐしぬ」（巻五）と記したように、一夫一婦という男女のつながりである。なかでも、妻の役割こそ重要なものであった。

たとえば、商家や武家などに雇われて、家事や家業に従事する者を「奉公人（ほうこうにん）」といったが、その多くが一年や半年だけ勤める「出替り奉公人」であり、ごく一時的な主従関係であった。こうしたきわめて使いづらい奉公人をうまく使いこなすのが武家や商家の妻の才覚であり、夫から大いに期待されたことだったのである。

とくに商人や職人など町人の妻について、歴史学者の高尾一彦は西鶴の『好色五人女』などの記事をもとに、「女性の奉公人の場合、『布織て、碓ふんで、子守して、木を割て』というのがその仕事の内容であるが、ここで『布織て』というのが最初にあげられていることに注意したい。いっぱんの庶民の家庭にあっては、女房が先頭にたって使用人とともに『布織て』の家内工業を営むのが、上方の模範的な町家のあり方であった」と述べている。

さらに、「家」を興す、つまり「家」を繁栄・繁盛させるためには、妻が奉公人たちの先頭に立って熱心に働くだけではなく、結婚に際しての妻の持参金も大きな役割を果たしたであろうし、武家でも同じように妻の働き、持参金が重要だったはずである。また、場合によっては、身分を問わず、妻の実家からの援助が必要とされたことはいうまでもないだろう。

こうしたように「家」と「妻」の関係を捉えてみるならば、夫とともに「家」を興し、守り抜いたにもかかわらず、死後に後妻を迎えることは、自身の苦労や手柄をすべて後妻にそっくり譲り渡してしまうことになるはずである。妾をつくって遊び呆(ほう)けるのは、二人で苦労して儲けた金を湯水のごとく無駄に使ってしまうことで論外であるだろうし、妾に「家」を乗っ取られる危険性も生じかねない。

つまり、女性の嫉妬心や怒りは、たんに男が別の女をつくったことや、若い後妻を迎えたことから生じたものだけではなかったのである。経済的に恵まれ、安定した上層・中層の武士、町人などに限られてはいたが、「妻」の存在なしでは維持・発展が不可能な「家」制度の浸透と定着こそが生み出した「怒り」や「恨み」という感情であったわけである。

妻とは逆に、「妾」の立場からすれば、日陰者として一生を暮らすより、妾を囲うほど生活が安定している「家」の正妻の座に収まることほどの夢や願望はないであろう。しかしながら、もし正妻を追い出したり、説話の世界のように正妻を取り殺して後妻に収まったとしても、夫が新たに妾を持つ可能性もゼロではないわけで、「家」を舞台にして、正妻と後妻、そして妾たちの争いは果てしなく続くことも考えられるのである。

先に述べたように、近世の説話世界のなかで、鬼と化して、恨む相手の首をねじ切る女性の悲しみと怒りは、中世後期に誕生した「般若(はんにゃ)」の系譜を引くものである。だが、能楽の般若とは明確に異なる点を指摘することができる。それは、『葵上(あおいのうえ)』の六条御息所(ろくじょうみやすんどころ)

の怨霊は修験者によって祈り伏せられて心安らかに成仏し、『鉄輪（かなわ）』の橋姫は、陰陽師・安倍晴明と法華経守護の三十番神との戦いに敗れ、消え去っていくように、中世の般若たちは、志半ばで成仏したり、退散するのに対し、近世の般若たちは恨みを晴らすことでしか成仏できなかったということである。そこに、中世後期と近世初期の「家」の重さの違いがあると見ることができるのではないだろうか。それほどまでに、近世初期に完成し、諸階層に浸透した「家」というシステムが生み出す女性の怨念は深いものであったと思われるのである。

男の社会的抹殺

さて、ここで、もう一度二〇二ページの図39をよく見ていただきたい。もちろん例外はあるが、この図に明確に示されているように、前妻と後妻、正妻と妾たちが子どもをも巻き添えにして殺戮を繰り返すが、不思議なことに、数多くの話では、夫ただ一人が生き残るのである。もし、「家」の滅亡をたくらむのであれば、跡継ぎの子どもに加えて、夫を誰よりも先に取り殺す必要があるはずであろう。そうすると、夫一人のみを生きながらえさせることに、何らかの奥深い意味が秘められていたということになるのではないだろうか。

たとえば、前妻が病死し、後妻が前妻に惨殺された「破約」の夫のその後の運命を、先ほど行なったような『死霊解脱物語聞書』の内容にしたがっての類推よりも、よりリアルにたどることにしてみよう。おそらく、こうした不祥事に主君から蟄居閉門、家禄の取り上げを命じられた後、藩から追放され、浪人とならざるを得ないと想像できるだろう。男もそうした処罰をあらかじめ予想して、主君から命令を受ける前に、二人の妻の菩提を弔うために出家してしまうかもしれない。こうしたことは、武士に限らず、商家であっても同じであったと思われる。店の評判は地に落ち、それこそ「ケチ」がついて商売は際限なく傾き、店を閉じなければならなくなるはずである。

　つまり、一人生き残った男を待ち受けているのは、公的な世界からの追放、社会的な抹殺ということだったのである。「家」の成立と浸透は、同時に、「家」を興してこそ一人前の男であるという社会的通念を生み出す。その「家」を妻や妾たちに徹底的に破壊されたのである。これは男にとって最大の屈辱であり、生き恥を世間にさらすことになるわけである。したがって、「家」を失った男たちは俗世を捨てて出家するか、あるいは、怨霊のいない世界、すなわち最下層の社会に身を落とすしかないことになるだろう。いずれにしても、「家」とはまったく無縁の世界に逃げ込むしか道は残されていなかったのである。

「妬婦譚」は確かに、女性の立場から「家」の破壊を描き出したフォークロアであった。しかし、そのフォークロアに秘められたもう一つの意味は、「家」に拠って立つしかなかった男性の社会的な破滅であったのだ。ここで、「妬婦譚」を含む近世の説話の書き手が男性であったことを思い出すならば、これは男性だからこそ示し得た、男性がもっとも恐怖するフォークロアであったと捉えることができるのである。

娯楽化する女性の怨霊

男性による女性の支配は近世を通じて続いたが、法制史学者の高木侃（たかぎただし）によると、離婚における夫の「専権性（せんけんせい）」、すなわち、夫のみに許された離婚を持ち出す権利は、近世前期はかなり実効性があったが、後期になると、たんなる形式的なものに形骸化されたという。もちろん武士の世界ではあり得ないことではあったが、町人や農民といった庶民の世界では、女性が自分のほうから離婚を切り出すことも可能となり、実際、そうしたことが多くなったのである。

そうした男女間の公的な関係性の変化は、日常生活の私的な場面でも見られるようになった。たとえば、儒学者の太宰春台（だざいしゅんだい）（一六八〇年生～一七四七年没）は『春台独語』に、次のように女性の服装と顔つきが大きく変わったことを記している。

江戸の婦女、外に出るに、昔は気儘（きまま）とて黒き絹にて顔面をつつみ、眼ばかり顕（あらわ）しける。その後、綿にて頭をつつみしは、われ二十余り、宝永（一七〇四～一一年）の頃なりき。今は小さき綿を頭上にいただきたるのみにて、面をば打ち晒（さら）し、はれやかなる顔にて道を行くのみ。

「気儘」とは、気儘頭巾（きままずきん）のことで奇特頭巾（きどくずきん）ともいい、貞享（一六八四～八八年）から元禄

（一六八八～一七〇四年）の頃に流行した、目のところだけを開けた婦人用の頭巾である。それがその後、女性は小さい綿帽子をかぶるだけで、晴れやかな顔で颯爽と道を歩くようになったということである。

この記事を、高木の考察とあわせて読み直すならば、近世の半ばを過ぎ、後期ともなると、さまざまな局面での排除や差別は引き続きあっただろうが、女性の立場や地位は、現代の私たちが想像する以上に高くなったと捉えられるのである。そうすると、今後の検討課題だが、たとえば「かかあ天下」という言葉に示されるように、「家」における妻の権限が強化されたことも考えられるのではないだろうか。したがって、こうした社会構造、社会システムの変容とともに、女性特有のものとされ、幽霊を生み出す母体とされてきた「嫉妬」という感情も大きく様変わりし、女性の幽霊像も変化を余儀なくされることになったと想像できるはずである。

すなわち、民俗学者の香川雅信は、一八世紀後半、とくに都市部において、化物が信仰の対象から娯楽の対象に変化したと指摘しているが、まさにそうしたことが女性の怨霊の世界でも生じたのである。これまで示してきたように、近世の都市生活から紡ぎ出された「怖い幽霊」が、その怖さを頭のなかで想像するしかなかった説話や世間話の世界から、歌舞伎、そして、円山応挙をはじめとして葛飾北斎、歌川国芳、渓斎英泉、さらには、河鍋暁斎、月岡芳年などの手による幽霊画というビジュアルの世界へと活躍の場を移し、「怖さ」「残酷さ」「執念」「哀しさ」「美」、ときには「ユーモア」といった感覚や情念を誇大に表現しつつも、洗練された芸術の域にまで高められることになったというわけだったのだ。

もちろん、武士と商人（貨幣）をめぐる怨霊もまた娯楽の対象として回収されてしまったと見ることができるだろう。しかし、武士の政権はまだ続き、貨幣経済はさらに発展していったことを考えると、武士と大商人を批判し、貨幣に支配され、踊り狂う様子を揶揄するような怨霊譚は、むしろ増加したと考えられるだろう。

そして、女性の怨霊の娯楽化から一世紀ほどで政治体制が完全に変更され、また、近世中期以降に富を蓄積した大商人たちを中心にして財閥化が進み、グローバルな資本主義経済体制が整うにしたがい、人びととの生活が根本的に変化するとともに、人びとが幽霊に託す「思い」もまた大きく変貌することになったのである。

幽霊に託した現代日本人の「思い」——エピローグ

霊の存在を信じますか？

『朝日新聞』二〇一六年（平成二八）三月五日付朝刊の土曜版「ｂｅ」に、「霊の存在を信じますか？」という、まことに興味深いアンケート調査（回答者二一〇五名）にもとづく記事が掲載された。それによると、霊の存在を信じる者が全体の四九％で、その理由として「否定する理由がない」「感じたことがある」「存在しないと説明できない」が上位を占め、一方、信じない者は五一％で、「科学的に考えて存在するわけがない」「感じたことがない」「死んだら土にかえるだけ」という回答が上位を占めている。

霊を信じる者、信じない者がほぼきれいに半数に割れており、それぞれの理由に深くうなずいたり、それほどまでに信じる者がいる（少ない）のかと驚いたり、読者はさまざまな感想を持ったのではないだろうか。

私は、もう四半世紀以上、大学で学生と接してきたのだが、ここ一五年ほど前から、年々、「霊感」があるために幽霊を目撃したり、怪異現象に遭遇したことがあるなど、「霊」の実在を信じる学生が急増しているように思える。そのため、半数近くの人びとが「霊」の存在を信じているという結果が提示されても、「なるほど」と深くうなずいてしまうのである。

こうした私の実感を裏づけてくれる資料がある。「ｂｅ」編集部による調査の約六〇年前、戦後復興がようやく軌道に乗りかけた一九五〇年（昭和二五）に迷信調査会（委員長・岸本英夫東京大学教授）のメンバーとして「霊魂信仰による生活習慣の分布」を担当した民俗学者の今野円輔（こんのえんすけ）の報告によると、「死後の魂はあるか」との問いに対し、肯定は四〇％、否定は三八％、わからないが二〇％であり、「バケモノ、幽霊はいるか」という質問には、肯定が二・〇四％、否定が八六・八二％、わからないが一〇・七％という結果が得られたという（『怪談―民俗学の立場から』一九五七年）。回答者の数が不明のため正確な比較は難しいが、それでも、戦後七〇年のあいだ、明治・大正期以上に科学的・合理的な学校教育を推進してきたはずであるにもかかわらず、「霊」の存在を信じている人が確実に増加していると見ることができるのである。

また、「ｂｅ」の調査では、実際に「霊」を目撃した人は回答者中一一七名（約六％）おり、次のような体験談が記されている。

　魚釣りで流された同僚、遺体があがった翌日に会社にあいさつに来ていました。（愛知、五三歳女性）

　五歳の頃祖父が亡くなった。通夜の時、部屋の奥の暗がりに人が立っていた。「あそこに人がいるよ」と言ったが「誰も居ないじゃない、何見てんだ！」と大人に一喝された。（神奈川、七五歳男性）

　私の職場にはよくいて、見た人はたくさんいます。私が見たのはガラスに映った制服を着て仕事をしている人だったのですが、振り返ってそっちを見ると誰もいなかった。（大阪、四八歳女性）

おそらく、このような内容の話が高い信憑性を持って語られる現代の幽霊譚であると思われる。というのも、私が体験者から直接に聞いた話もそうした内容のものがほとんどだったからである。

　そうすると、プロローグで述べた、現代日本人がただちにイメージする「恨みを抱えた恐ろしげな女性の幽霊」は、どのように解釈すればいいのだろうか。そこで、問題となるのは、近代に始まる生活の変容である。

近世的「怨霊」の終焉

前章での考察で明らかになったように、近世期の幽霊は社会的な権力を批判することを特徴としていた。つまり、近世の人びとは表には現われにくい「悪」を告発し、それを何とかして罰したいという「思い」を幽霊に託したのであり、そのため、恐ろしい顔つきの怨霊が創造されたのである。

ところが、明治時代になって、そうした近世的な「怨霊」の世界は完全に幕を下ろすことになった。それは、人びとのあいだに、学校教育などにより科学的・合理的な考え方が広まり定着したということだけではなかったのである。まず、女性の生活の変容から考えてみることにしよう。

明治民法により、長男が単独で相続する「家」が絶対的なものとされ、いったんは晴れやかな顔になった女性が、再び「家」と男性の圧政下に置かれることになった。この意味において、「三従の美徳」や儒教倫理は、中世や近世ではなく近代でこそ強化され、老若男女の区別なく全員の心の奥深くにまで浸透したと考えられるのである。

ところが、近代に新たに創出された「家」は、近世期の「家」のように、女性は「悪」の存在とは思わなかったのである。それは、「良妻賢母（りょうさいけんぼ）」になることが女性の理想となったからである。もちろん、さまざまな考え方や価値観、立場があっただろうし、逆にそれを主体的・戦略的に用いた女性もいただろうが、ほとんどの女性は「良妻賢母」になることに憧れ、そして良き妻と賢い母の役割を懸命にこなそうとしたのである。つまり、「家」こそが、近代以降の多くの女性にとって最高の夢をかなえてくれる場となったわけである。これでは、近世期のように「家」の破壊を目論む怨霊譚が生み出されるはずがないのは当然のことであるだろう。それほどまでに、明治国家が用意した「家」というイデオロギーは強固かつ柔軟に、女性を取り込んでいったのである。

また、武士や大商人といった社会的な権力を批判するような怨霊も、明治の近代的な国民国家体制や世界的規模の資本主義経済の前では、なす術もなく撤退することを余儀なくされた。明治以降は、政府の役人や実業家、軍人として、あるいは、一流の学校を卒業し、一流の会社に「サラリーマン」として勤め、さらに「家」を繁栄させること、すなわち「立身出世」が男性の夢と理想になったのである。そして、そうした男性を「シャドーワーク（家事労働）」で温かく支える「良い妻」になるのが、女性の夢であったわけである。夫婦は、仕事と生活に大小の不満を感じてはいたが、自分（夫）の「出世」、さらには、賢い母（妻）が育て上げる男の子の出世によって、それは解消できるものと考えていたのだ。近代とは、社会生活によって生じる不満を、社会批判ではなく、明日への活力に転換させ、それを国家が吸収するという巧妙なシステムそのものであったのである。

現代ではすでに、「良妻賢母」や「立身出世」という言葉は死語となっているが、それらに示された考え方や価値観、生き方は、内容を少しずつ変えながらも、まだまだ根強く私たちのあいだに残っていると見ることができるはずである。

このように社会や生活の近代化が進行していくにつれて、近世期の「怨霊」が批判のターゲットとした「権力」「貨幣」「家」が、「夢」「憧れ」「希望」となってしまったということだったのである。しかし、日本人の幽霊信仰そのものは簡単には消えなかった。では、どのような幽霊が主流となったのだろうか。

別れの挨拶に来る幽霊

本書第二章の「変身する幽霊」で、近世の幽霊を「悪霊」と「善霊」に分類したことを思い出していただきたい。近世における代表的な「善霊」は、死者が別れの挨拶(あいさつ)をするために幽霊となって訪れるというものであった。たとえば、『耳嚢(みみぶくろ)』に、老母が世話になった近隣の家に挨拶にまわる「老姥(ろうぼ)の残魂志を述し事」(巻の四)という話がある。

御普請役元締(ごふしんやくもとじめ)を勤める早川富三郎の死んだはずの祖母が、隣家の心安く交際していた同輩の家に挨拶に来たので、妻が祖母の病気のことを尋ね、「元気でめでたいことです」などというと、「病気の際はお訪ねいただき、かたじけないことでした。暇乞(いとまご)いに参りました」と答えたので、妻は御普請役の家の者のことなので、旅行などに行くのだろうと思い、相応の挨拶をした。祖母は、心安くつきあっていた向こうの町家(まちや)

にも行き、同じように礼などを述べた。長いあいだ患っていた老婆の健康が回復し、めでたいことであり、暇乞いなどと話されたので、同輩の妻と町家の妻が富三郎の家を訪ねたところ、富三郎の家では葬礼の準備をしているので驚いて尋ねると、富三郎の祖母は今朝死んだというので、みんな驚いたという。

『耳囊』に限っても、死者が幽霊となって、夫や妻、恩人、知人などに挨拶に来るという話は、「幽霊なしとも無極事（きわめがたきこと）」（巻の二）、「下女の幽霊主家へ来りし事」（巻の四）、「幽霊なきとも難申（もうしがたき）事」（巻の五）、「遊魂をまのあたり見し事」（巻の五）、「幽霊恩を謝する事（二話）」（巻の七）、「思念故郷へ帰りし事」（巻の八）など、数多く記されている。

幽霊の挨拶は、明治時代になっても幽霊譚の「定番」だったようで、『遠野物語』（一九一〇年）にも三話収められている。そのなかから一つを紹介しておこう。

【八七】人の名は忘れたれど、遠野の町の豪家にて、主人大煩ひして命の境に臨みし頃、ある日ふと菩提寺に訪ひ来たれり。和尚（おしょう）鄭重（ていちょう）にあしらひ茶などすすめたり。世間話をしてやがて帰らんとする様子に少々不審あれば、跡より小僧を見せにやりしに、門を出でて家の方に向かひ、町の角を廻りて見えずなれり。その道にてこの人に逢ひたる人まだほかにもあり。誰にもよく挨拶して常の体なりしが、この晩に死去してもちろんその時は外出などすべき様態にてはあらざりしなり。後に寺にては茶は飲みたりや否やと茶碗を置きし処を改めしに、畳の敷合はせへ皆こぼしてありたり。
こうした「民俗系」の幽霊譚を眺めてみると、「ｂｅ」のアンケートに記された最後の挨拶に訪れる幽霊譚は、近世期では「怨霊譚」と肩を並べるほど数多く語られた話であり、それが明治期にも引き継がれていたことが理解できるだろう。
また、今野円輔は、明治時代から高度成長末期頃までの幽霊体験談を『日本怪談集―幽霊篇』（一九六九年）としてまとめ、次のように概観している。

じっさいの幽霊の中には「恨めしやー」といって出たモノはほとんどない。女性も出るが男性もしきりに出るばかりか子供、老人の霊にも男女の別はなさそう。血みどろとか、吹出物などで醜悪な顔付きといった陰惨な姿もほとんど体験されていない。ちゃんと足があった。ミシミシ歩く音を立てながらという例が多く、足が無かったというのはむしろ少ない。服装では三角の額烏帽子といった死装束も少なく、ふだん着、外出着が多いがミニ・スカート姿のはまだ出ない。タクシーを利用する幽霊が急増した。恨めしいどころか、肉親がなつかしくて会いに来ただけというのが多く、圧倒的に多いのはウナ電（至急電報。一九七六年廃止。引用者註）や至急電話より早く来る死亡通知の幻。

つまり、近代以降、幽霊のなかから「悪霊」の側面が消滅し、「善霊」の部分だけが残されることになったわけであり、最後の挨拶のために訪れる心優しい幽霊の系譜は、すべての妖怪が消え去った高度成長の時期を経て、現代にまで脈々と受け継がれていたということなのである。

ここで、本書で示した資料を振り返ってみれば、『日本霊異記』(にほんりょういき)の二つの幽霊譚は恐ろしいものではなかったし、『今昔物語集』でも恐ろしいのは「鬼」であり、幽霊は怖くはなかった。能の幽霊もまた、人に恐怖を与えるものではなかった。そうすると、むしろ怖くない幽霊たちの方が本流であり、鬼と蛇(じゃ)の属性を受け継いだ近世の怨霊は、幽霊信仰の一部、傍流(ぼうりゅう)と見ることさえできるかもしれないのだ。したがって、「怨霊」こそが主流のように思える近世、とくに都市社会は、それが実際にどれほどの力を持っていたかはともかくとして、一般庶民が厳しい目で諸権力を批判できる社会であったとも考えられるのである。庶民が社会への批判能力を失っていく過程こそが近代化であったと、近世の怨霊たちは寂しげに嘆いているのかもしれない。

新たな怨霊の誕生

しかし、現代日本人は社会批判の能力と意志を完全に失ってしまったのだろうか。私が話者から聞いたり、怪談集で読んだことのある幽霊譚に次のようなものがある。高度成長の時期、頻繁に語られた話であり、御存知の読者も多いと思われる。

真夜中、会社に残って残業をしていた男性がトイレに行って部屋に戻ろうとしたところ、別の部屋にも灯りがついている。今夜残業しているのは自分一人のはずなのに不思議なことだと思い、ドアを開けてその部屋のなかを見てみると、亡くなった同僚が黙々と机に向かって書類の整理をしていた。

疲労困憊(ひろうこんぱい)したための錯覚と切って捨ててしまわれるような話だが、よく考えてみると、この会社員は残業をしていたからこそ、残業をしてまで書類整理をしなければならない幽霊を目撃したのである。つまり、残業する幽霊とは、残業する会社員そのものであったわけなのだ。私たちは、どのようなことがあろうとも、会社などの組織に文句をいうことなく黙々と仕事をし続けなければならないと心の奥底で思い込んでいるからこそ、残業する幽霊や先のアンケートに記されたような、熱心に仕事をする幽霊を目撃するのである。

こうした、高度成長の時代には「モーレツ社員」と揶揄(やゆ)されたような日本人の仕事ぶりを彷彿(ほうふつ)とさせる幽霊譚で、幽霊は恨み辛みを述べ立てることはいっさいない。それどころか、黙して何も語らないのである。しかしそれは、あらためて考えるまでもなく、喜び勇んで仕事をしているのではなく、むしろ、「仕方なく」黙って仕事に打ち込む姿であろう。そうすると、沈黙して仕事に勤(いそ)しむ幽霊は、高度成長期に生み出された新しいタイプの「怨霊」であると捉えることができるのではないだろうか。現代は、高度成長期以上に働かざるを得ない状況にあるのは、「過労死」や「うつ病」の増加が明確に指し示している。そうすると、死んでも職場で働き続けなければならないことを表わす幽霊の目撃譚は増え続けていると予想できるだろう。

現代的怨霊の変貌

この新しいタイプの怨霊譚がさらに進化した次のような話を、数年前、勤務先の福岡大学の学生たちと集めることができた。

道を歩いていると、一人の霊感があるという男子学生が、「ここやばいから早く行こう（通りすぎよう）」といった。

このツイッター上に記された都市伝説では、「霊」の出現理由だけでなく、どのような災厄（祟り）があるのかさえ語られていない。ましてや、災厄を祓（はら）う方法さえも示されておらず、ただその場を立ち去るだけなのである。ツイッターであっても一四〇字は書けることを考えると、右のようなきわめて簡単な話にはならないはずである。

また、この話では、幽霊の姿が消滅してしまっていることが注目に値する。近世の人びとが手に入れた「霊」の可視化は、災厄をもたらすかもしれない「霊」の善悪を判断するために必要な方法であった。「霊」を見ることで、人びとは幽霊に対処することができたわけである。そうすると、「霊」が見えなくなったということは、私たちが、何が「善」で、何が「悪」なのかを明確に判断できなくなったためだと捉えることができるのではないだろうか。

したがって、私は、不可視の不気味な「霊」の存在を示唆するだけで、そのほかに何も語られていないこの都市伝説は、安定しているはずの大会社や銀行の倒産、リストラや非正規雇用労働者の増加、ブラック企業での酷使など、真面目にコツコツ働いていても、いつ、どこから、どのような災厄が襲いかかってくるかわからない、どのように対処すればいいのか、どのように生きていけばいいのかさえわからないという、現代の「生活実感」を如実に表現していると考えているのである。

死者の語りに耳を傾ける

すべての幽霊譚には、生者の何らかの「思い」が埋め込まれている。一心不乱に働き、生活しつつも、何かがおかしいと思い始めたとき、いったんは消えかけたかに見えた「怨霊」が静かに息を吹き返した。ただ、それがあまりにも近世の「怨霊」とは異なりすぎていたため、私たちの目には「怨霊」や「悪霊」とは見えなかっただけなのである。新しいタイプの「怨霊」の誕生と変貌の様子は、近代以降、とりわけ高度成長の日本の発展を支えてきた、旧来の政治・経済、そして教育といったすべての社会システムの疲弊・崩壊と軌を一にしており、新たな社会のあり方はまだまったく見えてきていないことを表している考えることができるはずである。

そうすると、現代日本人が共有する「恨みを抱え持つ、恐ろしくも哀しげな若い女性の幽霊」という、実に古典的なイメージは、次のように捉えられると思われる。

つまり、戦後の民主主義や一九七〇年代のウーマン・リブ活動に始まる多様な立場のフェミニズム運動の展開、さらには、一九八六年（昭和六一）に施行された男女雇用機会均等法などによって男女平等が強調され、それが当然のこととされたにもかかわらず、相も変わらず、女性が社会的な劣位にとどめ置かれ続けており、とくに年若い女性が、さまざまな場面で「被害者」となってしまうことが、まったく改善されていないという状況を如実に示していると考えることができるのではないだろうか。

だからこそ、老若男女の区別なく「平等」に幽霊となれるはずなのに、現代においても、「恨み」と「怒り」「悲しみ」に満ちた若い女性こそが幽霊の代表として選ばれ、それに加えて、女性の社会的地位が、「昔から何一つ変わっていない」ことを私たち自身がおぼろげながら認識しているため、ファッションの流行とはいっさい関係なく、古めかしい姿形でイメージするというわけだったのである。

日本人は「喜び」や「悲しみ」「怒り」といったさまざまな感慨を、幽霊すなわち死者に託して表現してきた。だからこそ、私たちは、幽霊が沈黙し、姿さえ無くしてしまったことの意味を深く考えなければならないのである。幽霊は、いつ、再び姿を現わし、かそけき声ではあるが、何かを語るようになるのだろうか。それは、私たち「生者」がどのように社会と向き合うかによって決まるのである。

本書では、近世の幽霊、とりわけ怨霊に限定して考察を進めてみたにすぎない。エピローグでラフスケッチを試みたが、今後の課題は、近代以降の幽霊・怨霊の検討を通して、政治・経済史では語り得ない日本人の心性や「思い」、生活実感をより明確に把握することである。もちろん、そこには、戦争・銃後の暮らしにまつわる幽霊譚、阪神・淡路大震災や東日本大震災などの災害をめぐる幽霊譚といった、決して避けて通ることができない大問題が控えているのはいうまでもない。現在の日本でもっとも必要されることは、歴史に埋もれている死者の声に耳を傾け、新しい社会のあり方を構想することではないだろうか。人間がいる限り幽霊、すなわち死者のフォークロアは紡ぎ出され続ける。そのフォークロアのなかにこそ、私たちが生きている意味を探し出すことができるはずである。

あとがき

大学院以来の恩師が「妖怪学の総師」と呼ばれていることもあり、私は怪異・妖怪研究の領域に足を踏み入れるのを恐れ、一読者として楽しむだけにとどめていた。

しかし、転機は不意に訪れた。私が勤務していた県立高知女子大学（現・高知県立大学）文化学部・二〇〇二年度後期開講科目「比較文化論講読Ⅲ」の初回、高校の古びた教室のような演習室に集まった八名の学生が、「どうしても妖怪を研究したい」と、口を揃えて熱く語り出したのである。シラバスのどこにも「妖怪」と書いていなかったにもかかわらず……。

そのとき、とっさに思いついたのが、高知市域に範囲を限定して、妖怪や怪異が現われた「場所」を地図上に記すことであった。それまで、全国レベルの妖怪分布図はあったが、市町村レベルというミクロな怪異・妖怪の分布図は、いまだかつて誰も作成したことがなかったからである。また、民俗学・文化人類学的「都市」研究を行なってきた私の頭のなかに、「近世の幽霊は都市に多く出現した」という、柳田国男と宮田登の説が浮かんできた。しかし、柳田も宮田もその理由を明確には述べなかった。そもそも、民俗学では幽霊研究はほとんど手つかずだったのである。そこで、どうせ妖怪研究をやるのなら、私の都市研究の一環として、柳田・宮田説の妥当性を検証し、さらには、新たな幽霊研究を試みてみたいと考えたわけである。

南国土佐であっても、冬には寒さに震える日が何日もある。教室にエアコンはなく、古い円筒形の石油ストーブで体を温めながら、手分けして集めた資料を分析し、怪異や妖怪の出現場所を二万五千分の一の地形図に書き入れていった。この風変わりな授業の噂が学内に広がり、作業を手伝いたいという学生も何人か現われた。

ある学生は、図書館で資料を読んでいると、ほかに誰もおらず、地震でもないのに、背後の書架から数冊の本が倒れ落ちてきたという。「突然の発熱」というまったく同じ症状で、授業を欠席する学生が相次いだこともあった。成人式の記念写真に「奇妙なモノ」が写っていたという学生もいた。そうした「怪異」に遭遇したとき、「これは何かの祟りなんでしょうか?」と冗談をいいつつ笑い転げる彼女たちの姿を、私は決して忘れることができない。こうして、本書のプロローグで示した「近世」および「現代」の「高知市異界マップ」が完成した。成果は予想以上のものであった。近世の幽霊は城下町内部にこそ出没したことが見事に証明されたからである。

私たちは、二枚の「高知市異界マップ」を眺めながら、城下町の幽霊が田舎の狐や狸の化物と同列に置かれていることから、近世の人びとにとって幽霊は怖いものではあったろうが、実はそれ以上に、面白く楽しむような化物ではなかったのか、また、幽霊の存在の有／無と、幽霊の怖さだけを強調するようになった近代以降の社会とは何なのだろうか、現代日本人は、いったい何に怯えているのだろうか、など、さまざまに感想を述べあった。私の幽霊観はこのときに定まったといっていいだろう。陽気で優秀な学生たちという「福の神」に祝福されつつ、とうとう私も怪異・妖怪研究者の一員となったのである。

朗らかな彼女たちに招き寄せられるように、その後も、「福の神」は相次いで訪れた。島村恭則さん、中井精一さん、内山純蔵さんたちの科学研究費基盤研究や共同研究プロジェクトに参加させていただき、前近代の幽霊・妖怪の調査研究と成果発表の場を与えていただいた。また、中・近世史に関する疑問に対して、いつも明瞭で的確な回答をしてくださるのが、畏友・長谷川賢二さんである。まだまだ数多くの方がたにお世話になっている。この場を借りて、みなさんに厚くお礼を申し上げたい。

そして、二年前の四月、本書の企画を携えて現われた「福の神」が、吉川弘文館編集部の伊藤俊之さんである。その年の三月、足掛け八年に及んだ『地方都市の暮らしとしあわせ—高知市史・民俗編』の仕事を終え、さて、これから幽霊論をまとめようと思っていた矢先のことであった。

「いったん妖怪研究を始めると、妖怪が離れなくなる」とは、恩師の名言である。まさにそのとおりだが、私には幽霊と妖怪のほかに、幸運なことに「福の神」も取り憑いてくれたのだ。そうした「福の神」に恵まれながらも、これまでに執筆した論文を大幅に加筆・修正し、新たな論考を書き加えるなど、悪戦苦闘してようやく書き上げた本書が、いかに未熟で不十分なものであるかは、誰よりも承知している。次は、「福の神」たちへの恩返しのためにも、近現代の幽霊論や自然系の妖怪論などに挑んでみたいと考えている。

最後になったが、大学院入学以来、繰り返し成果発表の機会を与えてくださるなど、常に暖かく、厳しく見守り続けてくださっている小松和彦先生と、遅れがちな執筆と校正に手を焼きながらも、我慢強く一冊の本に仕上げてくださった伊藤俊之さんに、深く感謝の意を表したいと思う。そして、人一倍わがままな私を支え続けてくれている妻・容子に心から感謝したい。

二〇一六年七月一日

高岡弘幸

引用・参考文献

アダム・カバット「化物尽の黄表紙の考察―化物の概念をめぐって」『武蔵大学人文学会雑誌』第二八巻第三号、一九九七年

アダム・カバット編『江戸化物草紙』(『角川ソフィア文庫』)、KADOKAWA、二〇一五年(元版は、小学館、一九九九年)

阿部正路『日本の幽霊たち―怨念の系譜』日貿出版社、一九七二年

池田弥三郎『日本の幽霊』(『中公文庫』)、中央公論新社、二〇〇四年(元版は、中央公論社、一九六二年)

石井　明『幽霊はなぜ出るか』平凡社、一九九八年

伊藤　篤『日本の皿屋敷伝説』海鳥社、二〇〇二年

井上円了『迷信解』国書刊行会、一九八七年(元版は、丙午出版社、一九一六年)

江馬　務『日本妖怪変化史』(『中公文庫』)、中央公論新社、二〇〇四年(元版は、中外出版、一九二三年)

小栗栖健治・埴岡真弓編『播磨の妖怪たち―「西播怪談実記」の世界』神戸新聞総合出版センター、二〇〇一年

香川雅信『江戸の妖怪革命』(『角川ソフィア文庫』)、KADOKAWA、二〇一三年(元版は、河出書

房新社、二〇〇五年）
川村　湊「累とお岩」『朝日ジャーナル』一九八七年九月一八日号、朝日新聞社、一九八七年
鬼頭　宏『文明としての江戸システム』（『日本の歴史』一九、『講談社学術文庫』一九一九）、講談社、二〇一〇年（元版は、同、二〇〇二年）
京極夏彦「江戸化物草紙の妖怪画」アダム・カバット編『江戸化物草紙』（『角川ソフィア文庫』）、KADOKAWA、二〇一五年（元版は、小学館、一九九九年）
ゲオルク・ジンメル（居安正訳）『貨幣の哲学』白水社、一九九九年（原書は、一九〇〇年）
高知市史編さん委員会民俗部会編『地方都市の暮らしとしあわせ―高知市史・民俗編』高知市、二〇一四年
小松和彦『異人論―民俗社会の心性』（『ちくま学芸文庫』）、筑摩書房、一九九五年（元版は、青土社、一九八五年）
小松和彦『悪霊論―異界からのメッセージ』（『ちくま学芸文庫』）筑摩書房、一九九七年（元版は、青土社、一九八九年）
小松和彦『妖怪文化入門』（『角川ソフィア文庫』）、KADOKAWA、二〇一二年（元版は、せりか書房、二〇〇六年）
小松和彦『異界と日本人』（『角川ソフィア文庫』）、KADOKAWA、二〇一五年（元版は、同、二〇〇三年）
小松和彦「よみがえる草双紙の化物たち」アダム・カバット編『江戸化物草紙』（『角川ソフィア文庫』）、

ＫＡＤＯＫＡＷＡ、二〇一五年（元版は、小学館、一九九九年）
小松和彦『妖怪学新考―妖怪からみる日本人の心』（『講談社学術文庫』二三〇七）、二〇一五年（元版は、小学館、一九九三年）
小二田誠二解題・解説『死霊解脱物語聞書』（『江戸怪談を読む』）、白澤社、二〇一二年
権藤芳一・中川彰・露乃五郎『日本の幽霊―能・歌舞伎・落語』大阪書籍、一九八三年
今野円輔『怪談―民俗学の立場から』（『中公文庫ＢＩＢＬＩＯ』）、中央公論新社、二〇〇五年（元版は、社会思想研究会出版部、一九五七年）
今野円輔『日本怪談集』幽霊編・下巻（『中公文庫』）、中央公論新社、二〇〇四年（元版は、社会思想社、一九六九年）
諏訪春雄『日本の幽霊』（『岩波新書』）、岩波書店、一九八八年
高尾一彦『近世の庶民文化』（『同時代ライブラリー』三〇三）、岩波書店、一九九七年
高岡弘幸「笑う貨幣―落語と都市の民俗学」『高知女子大学文化論叢』第四号、高知女子大学、二〇〇二年
高岡弘幸「都市」小松和彦・関一敏編『新しい民俗学へ』せりか書房、二〇〇二年
高岡弘幸「幽霊研究序説―高知市異界マップから」『四国民俗』第三六・三七合併号、四国民俗学会、二〇〇四年
高岡弘幸「幽霊の変容・都市の変貌―民俗学的近・現代研究に向けての試論」『国立歴史民俗博物館研究報告』第一三二集、二〇〇六年

髙岡弘幸「怖い幽霊の誕生―一八世紀における怨念表象の転換」小松和彦還暦記念論集刊行会編『日本文化の人類学／異文化の民俗学』法蔵館、二〇〇八年
髙岡弘幸「「霊感の話」が語る現代日本の世相」人間文化研究機構監修『ＨＵＭＡＮ』第六号、平凡社、二〇一四年
高木　侃『三くだり半―江戸の離婚と女性たち』（『平凡社ライブラリー』二九六）、平凡社、一九九九年（元版は、同、一九八七年）
高田　衛『新編江戸幻想文学誌』（『ちくま学芸文庫』）、筑摩書房、二〇〇〇年（元版は、平凡社、一九八七年）
高田　衛『新編江戸の悪霊祓い師』（『ちくま学芸文庫』）、筑摩書房、一九九四年（元版は、同、一九九一年）
立川昭二『江戸病草紙―近世の病気と医療』（『ちくま学芸文庫』）、筑摩書房、一九九八年（元版は、平凡社、一九七九年）
立川昭二『この生この死―江戸人の死生観』筑摩書房、一九八九年
圭室文雄「幕藩体制と仏教」『論集日本仏教史』第七巻、雄山閣出版、一九八六年
堤　邦彦『江戸の怪異譚―地下水脈の系譜』ぺりかん社、二〇〇四年
土佐史談会・高知市教育委員会（生涯学習課）編『改訂版高知城下町読本』高知市、二〇〇四年
中井信彦『町人』（『小学館文庫』）、小学館、一九九〇年（元版は、同、一九七五年）
野口武彦『江戸百鬼夜行』ぺりかん社、一九八五年

服部幸雄『さかさまの幽霊―〈視〉の江戸文化論』（『ちくま学芸文庫』）、筑摩書房、二〇〇五年（元版は、平凡社、一九八九年）
馬場あき子『鬼の研究』（『ちくま文庫』）、筑摩書房、一九八八年（元版は、三一書房、一九七一年）
広末　保『辺界の悪所』平凡社、一九七三年
藤竹　暁『都市は他人の秘密を消費する』（『集英社新書』二六四）、集英社、二〇〇四年
宮田　登『都市民俗論の課題』未来社、一九八二年
宮田　登『妖怪の民俗学―日本の見えない空間』（『ちくま学芸文庫』）、筑摩書房、二〇〇二年（元版は、岩波書店、一九八五年）
宮田　登『都市空間の怪異』（『角川選書』三一一）、角川書店、二〇〇一年
宮本常一『民俗のふるさと』（『河出文庫』）、河出書房新社、二〇一二年（元版は、河出書房、一九六四年）
宮本常一『町のなりたち』未来社、一九六八年
宮本常一「逃げ場のない差別のひだ」野間宏・安岡章太郎編『差別―その根源を問う』下巻（『朝日選書』二五一）、朝日新聞社、一九八四年
守屋　毅『元禄文化―遊芸・悪所・芝居』（『講談社学術文庫』二〇三四）、講談社、二〇一一年（元版は、弘文堂、一九八七年）
柳田国男編『日本伝説名彙』日本放送協会、一九五〇年
柳田国男『遠野物語　付・遠野物語拾遺』（『角川文庫』）、角川書店、一九九三年

柳田国男「都市と農村」『柳田国男全集』第二九巻（『ちくま文庫』）、筑摩書房、一九九一年
柳田国男「時代ト農政」『柳田国男全集』第二九巻（『ちくま文庫』）、筑摩書房、一九九一年
柳田国男（小松和彦校注）『新訂妖怪談義』（『角川ソフィア文庫』）、ＫＡＤＯＫＡＷＡ、二〇一三年
（元版は、修道社、一九五六年）
山室恭子『大江戸商い白書―数量分析が解き明かす商人の真実』（『講談社選書メチエ』六〇二）、講談社、二〇一五年
湯本豪一編『地方発明治妖怪ニュース』柏書房、二〇〇一年
吉田伸之「三井と妖怪」『西鶴と浮世草子研究』第二号、笠間書院、二〇〇七年
吉田伸之『成熟する都市』（『日本の歴史』一七、『講談社学術文庫』一九一七）、講談社、二〇〇九年
（元版は、同、二〇〇二年）

著者紹介

一九六〇年、大阪府に生まれる
一九八五年、立命館大学産業社会学部卒業
一九九〇年、大阪大学大学院文学研究科日本学専攻博士後期課程単位取得退学
現在、福岡大学人文学部教授

主要編著書

『日本人の異界観』(共著、せりか書房、二〇〇六年)
『日本文化の人類学/異文化の民俗学』(共著、法藏館、二〇〇八年)
『東アジア内海の環境と文化』(共著、桂書房、二〇一〇年)
『景観の大変容―新石器化と現代化』(共著、昭和堂、二〇一一年)
『地方都市の暮らしとしあわせ―高知市史・民俗編』(編著、高知市、二〇一四年)

歴史文化ライブラリー
433

幽霊 近世都市が生み出した化物

二〇一六年(平成二十八)九月一日 第一刷発行

著　者　高岡弘幸(たかおかひろゆき)
発行者　吉川道郎
発行所　株式会社 吉川弘文館
東京都文京区本郷七丁目二番八号
郵便番号一一三―〇〇三三
電話〇三―三八一三―九一五一〈代表〉
振替口座〇〇一〇〇―五―二四四
http://www.yoshikawa-k.co.jp/
印刷＝株式会社 平文社
製本＝ナショナル製本協同組合
装幀＝清水良洋・宮崎萌美

© Hiroyuki Takaoka 2016. Printed in Japan
ISBN978-4-642-05833-9

JCOPY 〈(社)出版者著作権管理機構 委託出版物〉
本書の無断複写は著作権法上での例外を除き禁じられています．複写される場合は，そのつど事前に，(社)出版者著作権管理機構(電話 03-3513-6969，FAX 03-3513-6979，e-mail: info@jcopy.or.jp)の許諾を得てください．

歴史文化ライブラリー

1996.10

刊行のことば

現今の日本および国際社会は、さまざまな面で大変動の時代を迎えておりますが、近づきつつある二十一世紀は人類史の到達点として、物質的な繁栄のみならず文化や自然・社会環境を謳歌できる平和な社会でなければなりません。しかしながら高度成長・技術革新にともなう急激な変貌は「自己本位な刹那主義」の風潮を生みだし、先人が築いてきた歴史や文化に学ぶ余裕もなく、いまだ明るい人類の将来が展望できていないようにも見えます。

このような状況を踏まえ、よりよい二十一世紀社会を築くために、人類誕生から現在に至る「人類の遺産・教訓」としてのあらゆる分野の歴史と文化を「歴史文化ライブラリー」として刊行することといたしました。

小社は、安政四年（一八五七）の創業以来、一貫して歴史学を中心とした専門出版社として書籍を刊行しつづけてまいりました。その経験を生かし、学問成果にもとづいた本叢書を刊行し社会的要請に応えて行きたいと考えております。

現代は、マスメディアが発達した高度情報化社会といわれますが、私どもはあくまでも活字を主体とした出版こそ、ものの本質を考える基礎と信じ、本叢書をとおして社会に訴えてまいりたいと思います。これから生まれでる一冊一冊が、それぞれの読者を知的冒険の旅へと誘い、希望に満ちた人類の未来を構築する糧となれば幸いです。

吉川弘文館

歴史文化ライブラリー

歴史文化ライブラリー

近世史

歴史文化ライブラリー

江戸の武家名鑑 武鑑と出版競争——藤實久美子
武士という身分 城下町萩の大名家臣団——森下 徹
旗本・御家人の就職事情——山本英貴
武士の奉公 本音と建前 江戸時代の出世と処世術——高野信治
宮中のシェフ、鶴をさばく 江戸時代の朝廷と庖丁道——西村慎太郎
馬と人の江戸時代——兼平賢治
犬と鷹の江戸時代 〈犬公方〉綱吉と〈鷹将軍〉吉宗——根崎光男
江戸時代の孝行者 「孝義録」の世界——菅野則子
死者のはたらきと江戸時代 遺訓・家訓・辞世——深谷克己
近世の百姓世界——白川部達夫
江戸の寺社めぐり 鎌倉・江ノ島・お伊勢さん——原 淳一郎
宿場の日本史 街道に生きる——宇佐美ミサ子
江戸のパスポート 旅の不安はどう解消されたか——柴田 純
〈身売り〉の日本史 人身売買から年季奉公へ——下重 清
江戸の捨て子たち その肖像——沢山美果子
歴史人口学で読む江戸日本——浜野 潔
それでも江戸は鎖国だったのか オランダ宿 日本橋長崎屋——片桐一男
江戸の文人サロン 知識人と芸術家たち——揖斐 高
エトロフ島 つくられた国境——菊池勇夫
江戸時代の医師修業 学問・学統・遊学——海原 亮
江戸の流行り病 麻疹騒動はなぜ起こったのか——鈴木則子
江戸幕府の日本地図 国絵図・城絵図・日本図——川村博忠
江戸城が消えていく 『江戸名所図会』の到達点——千葉正樹
都市図の系譜と江戸——小澤 弘
江戸の地図屋さん 販売競争の舞台裏——俵 元昭
近世の仏教 華ひらく思想と文化——末木文美士
江戸時代の遊行聖——圭室文雄
ある文人代官の幕末日記 林鶴梁の日常——保田晴男
幕末の世直し 万人の戦争状態——須田 努
幕末の海防戦略 異国船を隔離せよ——上白石 実
江戸の海外情報ネットワーク——岩下哲典
黒船がやってきた 幕末の情報ネットワーク——岩田みゆき
幕末日本と対外戦争の危機 下関戦争の舞台裏——保谷 徹

考古学

タネをまく縄文人 最新科学が覆す農耕の起源——小畑弘己
農耕の起源を探る イネの来た道——宮本一夫
O脚だったかもしれない縄文人 人骨は語る——谷畑美帆
老人と子供の考古学——山田康弘
〈新〉弥生時代 五〇〇年早かった水田稲作——藤尾慎一郎
交流する弥生人 金印国家群の時代の生活誌——高倉洋彰
古 墳——土生田純之
東国から読み解く古墳時代——若狭 徹

歴史文化ライブラリー

神と死者の考古学 古代のまつりと信仰――笹生　衛
国分寺の誕生 古代日本の国家プロジェクト――須田　勉
銭の考古学――鈴木公雄
太平洋戦争と考古学――坂詰秀一

世界史

中国古代の貨幣 お金をめぐる人びとと暮らし――柿沼陽平
黄金の島 ジパング伝説――宮崎正勝
琉球と中国 忘れられた冊封使――原田禹雄
古代の琉球弧と東アジア――山里純一
アジアのなかの琉球王国――高良倉吉
琉球国の滅亡とハワイ移民――鳥越皓之
王宮炎上 アレクサンドロス大王とペルセポリス――森谷公俊
イングランド王国と闘った男 ジェラルド・オブ・ウェールズの時代――桜井俊彰
魔女裁判 魔術と民衆のドイツ史――牟田和男
フランスの中世社会 王と貴族たちの軌跡――渡辺節夫
ヒトラーのニュルンベルク 第三帝国の光と闇――芝　健介
人権の思想史――浜林正夫
グローバル時代の世界史の読み方――宮崎正勝

各冊一七〇〇円～一九〇〇円（いずれも税別）
▽残部僅少の書目も掲載してあります。品切の節はご容赦下さい。